구름이 빚은 이야기

구름이 빚은 이야기

2025년 10월 31일 초판 1쇄 인쇄 발행

지은이 김기춘
펴낸이 박종래
펴낸곳 도서출판 명성서림

등록번호 301-2014-013
주소 04625 서울시 중구 필동로 6 (2, 3층)
대표전화 02)2277-2800
팩스 02)2277-8945
이메일 msprint8944@naver.com

값 15,000원
ISBN 979-11-7439-054-7

본 책의 구성 및 맞춤법, 띄어쓰기는 작가의 의도에 따랐습니다.
이 책의 저작권은 저자와 도서출판 명성서림에 있습니다. 무단 전재 및 복제를 금합니다.
이 책 내용의 일부 또는 전부를 재사용하려면 반드시 저자와 도서출판 명성서림의 동의를 얻어야 합니다.
파본은 구입처에서 바꾸어 드립니다.

구름이 빚은 이야기

김기춘 시집

도서출판 명성서림

서문 序文

　살아온 날들이 때로는 시詩가 되는 순간이 있습니다.
　이 책은 시집이라기보다, 삶을 있는 그대로 펼쳐놓은 제 인생의 파노라마입니다. 그 속에는 환희의 노래도, 쓰라린 절망의 비명도 담겨 있는 저의 민낯입니다.
　때로는 따스한 햇살 아래 피어난 꽃처럼 사랑과 기쁨에 취했고,
　때로는 깊은 밤의 어둠 속에서 배신과 아픔에 떨기도 했습니다.
　이 모든 감정이 제 삶의 질곡桎梏을 이루는 풍경이었습니다.

　하지만 저는 결코 혼자가 아니었습니다. 외로운 길 위에서 만난 수많은 인연,
　그들의 눈빛과 목소리가 저의 글에 생명을 불어넣어 주었습니다.
　눈물과 함께 흘려보낸 시간들은 삶의 깊이를 더해 주었고,
　좌절의 순간들은 다시 일어설 용기를 주었습니다. 저는 깨달았습니다.
　길이 끝나는 곳에서 다시 시작되는 것을요.
　절망의 끝이 새로운 희망의 시작이 되는 순간입니다.

이 책은 단순히 지나온 시간을 기록한 것이 아닙니다.
상처 입은 영혼들이 서로를 보듬고, 아픔을 딛고 일어선 발자취를 보여 주고 싶었습니다.
제 글이 누군가에게는 작은 위로가 되고,
또 다른 누군가에게는 잊고 살았던 희망의 불씨가 되기를 간절히 바랍니다.

당신의 삶이 이미 한 편의 위대한 시입니다.
제 이야기가 당신의 가슴에 가닿아,
당신의 삶 또한 아름다운 시로 채워지길 소망합니다.

이 책을 세상에 내놓을 수 있도록 힘과 용기를 주신 모든 분께 깊은 감사를 드립니다.

2025년 가을,
김재호 드림

서문 *4*

1부 * 여무는 가을

짊어진 무게 *14*
가을에게 *15*
가을의 끝자락에서 *16*
삶의 노래 *17*
그저 흘러가게 두세요 *18*
내일은 내일로 *19*
너는 아느냐 *20*
여무는 가을 *21*
가을을 부르는 비 *22*
바다가 건네는 위로 *23*
추색의 조음 *24*
가을의 기도 *25*
가장 보람 있는 일 *26*
새로운 시작, 희망의 노래 *27*
가고 또 오겠지만 *28*
새하얀 눈이 내리니 *29*
가을은 겸손의 계절 *30*
하얀 눈의 또 다른 면 *31*
절망에서도 *32*
한 장 남은 달력 *33*

놓아 두고 가자 *34*
가을, 그 찰나의 아름다움 *35*
떠난 그 자리엔 *36*
꽃은 피고 지고 *37*
겁쟁이가 되어간다 *38*
1월의 노래 *39*
가을에 물든 시간 *40*
행복의 양식 *41*
열정적인 삶의 노래 *42*
끝없는 나의 꿈 *43*
가을 이 마음 *44*
감사(Thanks) *45*
인연과 사랑 *46*
모든 순간이 노래가 되는 *47*
자연의 아름다운 술에 취한다 *48*
겨울 난로의 불춤 *49*
기다림 *50*
잘못된 인연의 그림자 *51*
그대를 기다리며 *52*
인연에게 *53*

2부 * 삶은 비움의 미학

내일을 향한 바람처럼 56
기다리는 내일 57
발가벗은 나, 시린 세상 속에서 58
허우적거리는 거리 59
눈 내리는 길 바람이 끄는 대로 60
그대여 잠깐만 61
삶은 비움의 미학 62
진정한 용기 63
그대를 향한 마음 64
정읍 촌놈 66
상처받은 아픈 인연 67
지금 세상 속으로 68
계엄령을 보며 69
함께 걷는 길 70
어두우면 밝음이 오리니 71
그날의 총성 군에서 계엄령을 72
빛을 더하는 말 73
가을은 익어 가고 74
조국이여 영원하라 75
가화만사성 76

손주, 희망의 꽃 77
네 마음(Heart) 78
고마움(Gratitude) 79
고요한 등불처럼 80
봄날, 이 순간 81
낙화(落花) 82
꽃잎이 떨어진 자리 83
그냥 두세요 84
내려놓음이여 85
어둠으로 덧칠한다 86
내 사랑은 너에게 87
상처와 아침 해 88
따스한 가을 풍경 89
탐하지 않는 자리 90
가을의 풍요 92
가을 애상 93
나의 어머니 94
거짓의 그림자 96
지구의 아픔 97
자연 속 나 98

3부 * 세월의 길목에서

그 사람 *100*
찰나의 휴식 *101*
봄비 목가(牧歌) *102*
한산도 역사길 *103*
세월의 길목에서 *104*
얼마나 좋을까? *105*
긍정의 씨앗 *106*
어디쯤 머물러야 *107*
비우자, 붙들지 말자 *108*
그래, 그 순간의 판단 *109*
행복이란 꿈 *110*
삶의 거울 *111*
내일을 위한 기다림 *112*
인생의 새벽 *113*
시인의 마음 *114*
시간의 가치 *115*
눈 오는 날의 연가 *116*
그 자리, 시작점이다 *117*
참 좋다 *118*
내가 나를 사랑해야 *119*

못다 핀 꿈 *120*
내일의 등불을 켜고 *121*
마음의 상처 *122*
아(我) *123*
내 안의 나침반 *124*
삶의 방정식 *125*
좌절된 길, 웅대한 꿈의 잔해 *126*
가던 길 멈추고 쉼 *127*
삶의 무게 *128*
눈물 꽃다발 *129*
혼자라는 생각의 늪 *130*
술잔 속 요지경 *131*
설움, 그날의 한 *132*
어울려 산다는 거 *133*
두고 가는 마음 *134*
보석함에 담을 수 없는 당신 *136*
술잔에 담긴다 *137*
넘지 못할 사랑 *138*
가슴에 묻은 사랑 *139*
들리지 않는 발자국 *140*

4부 * 나의 다짐 나의 길

먼 길 142
세상 제일 먼 길 143
가장 먼 길 144
더 좋은 날이 145
아쉬움 낙엽에 새기고 146
창가에 기대앉아 147
구름과 햇빛 148
푸른 그리움 149
맹세한 씨앗 150
인공지능 시대에 151
나의 다짐 나의 길 152
여백이 있는 삶 153
비 한 방울에 154
오늘을 뜨겁게 노래하자 155
바위 난초의 혼 156
내일의 희망 157
새로운 설날 158
어떤 색일까 159
괜찮아 160
혹시 그대일까 161

그대였구려 162
가을이 익어 가네 163
가을 사랑 164
자아 투자 165
재난 속 희망 166
기억의 향기 167
회상(回想) 168
사랑과 인내로 169
오늘을 살아가는 이유 170
끝이 아닌 시작으로 171
길은 만들어 가는 거 172
바람의 안부 173
신이시여 174
특별할 것 없는 하루 176
그리움의 그림자 177
인생의 길 178
그대 향기로 179
의리(義理) 180
균열 181
붉은 유혹, 찰나의 흔들림 182

5부 * 비워야 하는 것

내일의 노래 184
세상에 길을 묻는다 185
시인의 길 186
축복의 인연으로 188
나를 빚는 길 189
인연에서 190
활기찬 새날을 위해 191
가고 또 오는 192
비워야 하는 것 193
무(無)에서 유(有)로 194
마음의 항해 195
빗방울 눈물 196
비가 온다 197
하나 되어 198
주는 마음 199
숨어 오는 사랑 200
어느 길로 가든 201
흐르는 시간대로 202
떠나자, 어디든 203
마음의 그림자 204

걷다 보니 205
덧없이 흐르는 것 206
적응하는 게 생명 207
흐르는 시간 208
머무는 곳이 고향 209
시간을 놓아주렴 210
늦여름 연가 211
시간의 자리 212
서성이는 삶 213
하얀 그리움 214
그리운 그대 215
세월은 그렇게 216
오늘도 꿈을 찾아 217
고된 마음을 이끌고 218
세월에 무엇을 채워볼까 219
찾아 드는 사랑 220
기억에 남는 사람으로 221
사색의 하루 222
미약한 씨앗 223
바람과 구름과 놀자 224

6부 * 모래에 묻힌 청춘

길을 찾는 봄 226
나에게로 가는 여행 227
대마도 슬픈 흔적 228
세상의 봄은 오는가 230
모래에 묻힌 청춘 231
기술자의 양심 232
피고 지는 세월 233
며느리, 그대는 천사 234
우리의 내일은 희망으로 235
아들 그림자에 행복이 236
곧은 아버지 237
이 가을 누구에게 238
또 다른 오늘 239
늦여름 240
그렇게 사는 게 좋지 241
땀으로 올린 젊음의 탑 242
명사 특강, 모교에서 244
믿음이라 부르는 허상 246
결단의 이름으로 247
우뚝 선 영광 248

철길 위에서 피어난 삶 250
100년 만의 폭설 252
내 조국 태극기 253
여행, 남쪽으로 254
삶의 궤적, 시가 되다 255
멈추지 않는 마음 256
그렇게 가는 거야 257
청춘, 그 이름 258
돈의 얼굴 260
엇갈린 시선 261
추억 하나 놓고 가는 날 되소서 262
꿈은 앞으로 간다 263
어디 가냐 묻지 마라 264
바보인가요 266
어머니시여 267
엄마 품 같은 고향 268
정월 대보름 269
홀로 쓰는 아리랑 270
세상을 만져보며 271
세속의 시름 털고 272

7부 * 내 안의 숲

찬란한 오늘 274
골프채를 놓으며 275
내 안의 숲 276
목마름으로 길을 277
끝이 없는 거야 278
축제로 사는 인생 279
농부의 희망가 280
감사의 마음 281
담배와의 전쟁 282
마음의 빛으로 283
가화만사성 284
선출직 공무원은 285
벼랑 끝의 맹세 286
늙지 않는 경험의 길 287
돈 288
얼룩진 웃음 290
같이 가는 세상은 아름답다 291
여름의 변주곡 292
여백 293
금연하고저 294

인생이라는 이름의 시 295
허무 296
사라지는 이름들 297
술잔을 놓으며 298
조국의 내일 299
웃어보자 친구야 300
풍요로움으로 301
희망의 내일 302
자연재해, 무너지는 마음 303
홀로 서는 바람처럼 304
백지의 기로 305
흔들리는 바다 306
시대의 탄식 307
회장의 무게 308
추억 속의 사랑 309
인생은 축복 310
마음의 거울 311
우리라는 이름 312
책임감 313
나에게 쓰는 시 314

작가의 변 315

1

여무는 가을

짊어진 무게

짊어진 짐은 어깨를 짓누르고
내려놓고 싶어도 내려놓을 수 없네
어린 새싹을 키워야 하는
뿌리의 책임처럼

하고 싶은 말들 목구멍까지 차올라
소리치고 싶지만 억눌러 삼킨다
묵묵히 길을 걷는 소처럼
참고 견뎌야 하는 삶의 무게

마음껏 먹고 즐기고 싶을 때도
내일의 무게가 가로막아 서네
오늘의 고통이 미래의 희망이 되리니
참아내야만 하는 인생의 무게

이 모든 것이
짊어져야 할
무게인 것을 깨닫는다
삶의 길을 걷는 한
피할 수 없는 삶의 몫이여

가을에게

가을아
너 참 곱다
내 마음도
너를 닮아 고운 빛깔로 물들어가네

풍요로운 바람이 불어와
모든 것을 감싸 안는 계절
내 마음도
너처럼 사랑으로 풍성해지는 날

우리 모두
아름다운 이 계절에
가장 눈부신 꽃을 피우고
마음껏 웃는 나날이 될 거야

사랑하는 이와
손 맞잡고 아름다운 추억을 쌓으며
오늘도 행복으로 가득한 그런 하루이기를

가을의 끝자락에서

가슴에 푸른 추억이 져서
어디든 머물러야 할 것만 같은 날
따스한 햇살 쏟아지는 창가에 앉아
사진을 펼쳐봅니다

사진 속 행복한 웃음소리가
방 안 가득 울려 퍼지고
그리운 얼굴들 떠올려 보니
함께 웃고 떠들 수 있었던
그곳이 바로 우리의 행복이었으니

시원한 바람 불어오고
돌아오는 길에 담아 온 짐들
하나하나 풀어내고 빈 가슴에
아름다운 기억들 채워지네

쌓여둔 정
새로운 시간이었네
이 가을 한 줌의 햇살 속에
영원히 간직할 시간
추억이 되었네

삶의 노래

바람 부는 길 따라
홀로 걸어보니
구름 머문 하늘에
새가 되어 날고 싶다

푸른 바다 위 갈매기 되어
파도와 함께 춤추고
농부의 땀방울
흙내음 맡으니
세월의 지혜가 스민다

오래된 이야기 먼지 털어내고
지나온
인연의 흔적을 따라
그리움 묻어 둔 시간 속으로
향기로운 사람의 온기 만져본다

자연의 품에 안겨
세상의 이치 깨닫고
사람 향기에 취하는
이것이
진정 삶의 노래 아닐까

그저 흘러가게 두세요

꽃잎이 떨어져도 나무는 죽지 않습니다
해가 가려져 비가 와도
하루가 없어지는 건 아닙니다
아픔이 폐부를 찌른다고 죽는 것도 아닙니다
조금의 불편과 아픔은 있어도
세상은 그렇게 그 자리에서 가고 쉬지 않습니다

나무에는 꽃이 다시 피어나고
내일은 밝은 해가 하루를 부르니
먼 훗날 뒤돌아보면 한번 웃을 일입니다
그 아픔이 스며들어 삶의 무늬가 될 것입니다

그러니 아파서 울지 마세요 때가 되면
흔적이 되고 추억이 되고 내 인생이 됩니다
시리던 시간도 언젠가 빛나는 별이 되어
어제의 나를 비추는 아름다운 풍경이 될 테니

아픔도 내 인생 눈물도 내 인생
넘어져야 배울 수 있는 삶의 깊이
모든 것을 껴안고 흐르는 강물처럼
그저 흘러가게 두세요
그것마저 당신의 삶이니....

내일은 내일로

아픔이 뼛속까지 스며드는 밤
굳이 소리 내어 울지 않아도 괜찮아요
고요히 고요히
숨을 쉬는 것만으로도 충분해요

세상의 무게가 어깨를 짓누를 때
억지로 힘내지 않아도 괜찮아요
그저 입꼬리를 살짝
아주 살짝 올려보는 거예요

끝이 보이지 않는 길 위에서
가쁜 숨을 고르며 멈춰 서도 괜찮아요
다만, 한 발짝
오직 한 발짝만 내일로 걸어가 봐요

모두가 소리 지르는 세상 속에서
희망은 닿을 수 없을 만큼 멀어 보여도
함께 하나씩
그 빛을 향해 화살을 쏘아 올려요

너는 아느냐

하늘을 헤매는 마음
어디로 가야 할까
생각은 차가운 겨울
꽁꽁 얼어붙어 있네

밤은 깊고
갈 길은 보이지 않는데
시간은 흐르기만 하고
헤매는 발걸음은 무겁기만 하네

길이 없으면 그저 멈춰 서서
내려놓는 것도 괜찮은데
애태우는 마음
왜 이리 답답한 건지

세월아 시간아 바람아
너는 알고 있지
길을 찾는 게
왜 이리 어려운 건지를

여무는 가을

하늬바람 너른 들녘으로 마실 오는 날
도로가에 줄 선 코스모스 군락
가는 허리 살랑살랑 가을을 맞이하고
가시 갑옷 속 밤송이 삼 형제 지퍼를 열고
한낮 햇살에 불그스레 취해 내다봅니다

푸른 제복 종횡으로 선 극기 훈련처럼
한여름 땡볕 거뜬히 이겨 낸 벼들
황금빛 들녘에 내려온 기름진 햇살에
통통 살을 찌워 겸손하게 고개 숙이네
전봇대 줄에 나란히 앉은 배부른 참새떼
조잘조잘 짹짹 고마워요 수고했어요

먹구름 높새바람 유유히 사라지고
목화송이 새털구름 높아진 하늘 이고
학처럼 정처 없이 나래를 펴는데
우리네 꿈도 뭉게뭉게 피어나서
추억의 실타래 풀어져 알알이 영급니다

가슴 서랍에 사유 깊은 연서 넣어두고
그리움 가득해지면 종종 꺼내 보는 마음
가을은 그렇게 풍요롭게 여물어 갑니다

가을을 부르는 비

가을을 부르는 비가 내린다
배추 모종 심고 무 씨앗 파종을 알리는
센티해지는 가을은
풍요를 심으라 속삭인다

밤송이는 햇살 맞이하려
가시 감옥에서 빼꼼 문을 열고
자연의 위대함과 풍요로움은
말없이 제 할 일을 한다

누군가 찾아올 것 같은
그리움을 가슴에 품고
빗소리에 마음을 씻어내니
세상은 맑아진다

사랑이 머무는 자리에
소박한 기쁨이 싹트고
풍요를 기다리는 마음마다
가을빛이 물들어 간다

바다가 건네는 위로

수평선 너머 붉은 노을이 번지면
가을바람 실어 푸른 파도 일렁이네
묵묵히 모든 걸 안아주는 바다
그 따스한 품에 온전히 나를 맡기네

넘실대는 물결 따라 갈매기 날고
물때 맞춰 만선의 꿈을 찾아 떠나네
소리 없이 속삭이는 바다의 노래
내 마음 깊은 곳까지 울려 퍼지네

때로는 거칠게 몰아치는 폭풍우
때로는 고요히 잠든 푸른 품
어떤 모습이든 너는 나를 품어 주니
지친 마음 위로하며 사랑을 담아내네

주꾸미 잡는 작은 손길마저도
너의 너른 가슴에 안기는 듯해
이 가을, 바다에 풍덩 빠져
오롯이 너와 함께 숨 쉬고 싶어라

추색의 조음

소슬한 바람이 은은하게 감도는 가을
코스모스 한들거리는 길가에
노을치마 내려앉으면
그리운 얼굴들 떠오르게 하소서

드높은 하늘은 맑게 개어
쪽빛 그리움 한 폭 담아내고
뭉게구름 두둥실 흐르는 곳에
사랑 가득한 노래 울리게 하소서

알알이 영근 벼 이삭처럼
마음속의 감사 익어 가게 하시고
오곡백과 풍요로운 들판 위로
기쁨의 발걸음 춤추게 하소서

시간의 강물이 흘러가는 가을
지난날의 추억 소중히 품어
다가올 날들을 기대하게 하고
오늘의 행복을 충만하게 하소서

가을의 기도

가을 한 줌 햇빛으로
과일 탐스럽게 익어 가게 하고
풍요로운
빛깔로 물들어 가게 하소서

미풍의 바람으로
황금빛 벼는 고개 숙여
세상의 모든 마음이 넉넉하게 하소서

우리의 가을도
풍요로운 마음으로
가득 차
행복의 향기로 채워지게 하소서

세월의 흐름 속에
무르익은 사랑과 감사로
우리의 하루하루도 풍성해지게 하소서

가장 보람 있는 일

자신을 가꾸는 일은
사치가 아니라
가장 기본이 되는 일입니다
자신에게 아낌없이 투자하는 돈은
더 큰 행복으로
피어날 씨앗을 심는 것과 같습니다

자신에게 집중하는 시간은
세상 무엇과도 바꿀 수 없는
가장 값진 시간입니다
자신을 위한 투자에 전념하는 것입니다

자신에게 쓰는 돈과 시간은 낭비가 아니라
더 큰 행복과 건강을 돌려주는
가장 확실한 선물입니다.
자신을 사랑하는 마음으로 자신을 위해
웃어주고 아껴주는 일이야말로
가장 위대한 일입니다

새로운 시작, 희망의 노래

생각은 오늘을 지배하고
곧 현실이 되어 말과 행동으로 피어나네
이 뜨거운 생각으로 마음이 내일로 향하고
그 발걸음은 곧 행동으로 이어지리라

행동은 오늘을 바꾸는 일상이 되고
삶에 스며드는 진정한 행복이 되리니
생각은 오늘을 넘어 세상을 향하여
희망의 빛으로 찬란히 빛나고
축복 가득한 삶으로 내일을 이끌어 가리라

마음은 늘 더 큰 세상을 꿈꾸지만
때로는 익숙함으로 편한 곳으로 이끌며
생각이 좁은 틀에 갇혀 세상을 보지 못한다면
벽에 갇혀 오늘을 놓칠 수도 있으리라

그러나 기억하라
열정으로 심은 생각은 가는 세상을 움직이고
내일의 희망을 만들어 가리라

가고 또 오겠지만

아름답던 단풍은 서서히 사라지고
바람에 뒹구는 잎새마다
찬란했던 시간의 마지막을 속삭인다

이 덧없는 풍경이여
썰물처럼 떠나가는 가을은
마음속 깊이 저며 드는 아픔이어라

사라진 것들 너머엔 조수처럼
새로운 세상이 다가오리니
떠나가는 소슬한 가을은
펜촉 같은 새로운 싹으로
머지않아 우리 곁을 다시 찾으리

새하얀 눈이 내리니

새하얀 눈이 내리니
세상은 온통 멋진 그림 같습니다
마치 행복만 가득 펼쳐진 듯
아름다운 풍경에 마음이 설렙니다

저 눈 덮인 풍경 속에는
수많은 추억과 이야기들이
고요히 잠들어 있겠지요

세상이 하얀 옷으로 갈아입으니
모든 것이 순백의 아름다움으로 빛나고
우리 마음 또한 깨끗하게
정화되는 듯합니다

지나간 어두운 나날들
하얀 눈이 감춰 주고 씻어 주어
삶을 즐기는 시간으로 만들어
더욱 아름다운 추억들을
가득 채워 나가고 싶습니다

가을은 겸손의 계절

따스한 햇살 아래
붉게 익어 가는 대추
수줍은 볼연지 곱게 찍듯
가을은 그렇게 찾아오고

바람에 자란
작은 배추 모종은
희망 가득 품고
살랑이며 자란다

쪽빛 하늘은 더욱 높아지고
누님 볼처럼 발그레한 사과
어찌 이리도 고운 빛깔일까

코끝을 스치는 코스모스 향기
가슴으로 느껴지는
부드러운 꽃잎의 감촉
금빛 햇살은 결실의 가을로 이끄는 날
토실하게 속을 채우고 고개 숙이는 겸손

하얀 눈의 또 다른 면

눈부신 하얀 세상을 보노라니
지난 아픔이 파도처럼 밀려온다
아름다운 그림 같고 꿈결처럼 포근한데
먹먹한 고통만 가득 차오른다

잔인하도록 평화롭게만 보이는 세상
저 고요함 아래에는 무너지고 부서지는 소리
삭아 가는 절규가 숨 쉬고 있음이라

잔혹함인가 위대함인가
백설 속에 가려진 진실은
무력한 삶을 더욱 아프게 한다
어찌할 도리 없어 고개 떨구니
마음은 시리고 생각은 하얗게 세어간다

눈 덮인 대지 위에 선 세상은
감출 수 없는 아픔을 부여잡고
홀로 서서 흐느낀다
차라리 아름다운 절망이여
어떻게 하면 좋을까

절망에서도

땡볕과 비바람에도
들에는 꽃이 피고

눈 폭탄
무너진 하우스에도
성탄의 기쁨이 찾아온다

절망에서도
내면 깊숙이
숨 쉬는 빛이 있어
우리에게
희망으로 찾아오는 것을

한 장 남은 달력

마지막 한 장 쓸쓸히 매달린 달력은
지나온 시간을 헤아리고
여기저기 송년회 망년회
아쉬움만 남기네

지우고 싶은 순간들
가슴에 새기고픈 기억들
모두 삶의 한 조각
더 큰 희망을 노래하지만
그날이 그날이라
세상이 다른 길을 가네

농사에 전념하려니
폭설이 모든 걸 망가뜨려도
그래도 태양은 떠오르고
눈이 녹은 길을
차분히 찾아 걷겠지

이 마음에 담길
삶의 중요한 순간들처럼
희망은 언제나
새로운 페이지를 엽니다

놓아 두고 가자

비우면 가벼운 것을
절박한 기로에서
뒤돌아보면 하얀 백지인 걸

마음 한구석에
아쉬운 그림자는
어두운 밤인 걸

누군가 그리워
돌아서면 허무함이 가득 찬
욕심인 걸

놓아두고 가자
내 것이 아닌 걸
더 많이 담지 말자
무거워서 못 간다

몸에 맞는 옷을 입자
안 맞으면 몸을 맞추어야 한다

가을, 그 찰나의 아름다움

가을아
너는 참 곱고 아름답구나
탐스러운 감도 사과도
너의 모습에 부끄러운 듯
붉게 물들어 수줍게 고개를 숙였네

네 고운 자태에 반해
햇빛도 숨을 죽이고
바람도 멈추었구나
아, 이 순간마저도
덧없이 흐르는 시간 속에
붙잡을 수 없는 황홀경이어라

마음은 더욱 곱게 물들고
사라지는 것들의 애틋함 속에
소중한 추억만 쌓여 가는구나
너는 사라지지 않고
영원히 내 안에 살아 숨 쉬는
가장 아름다운 계절이네

떠난 그 자리엔

한 시절 화려했어도
세월의 무게에
기억마저 없이 흩어지네
피어난 화려한 순간은
어쩌면 당신에게
머물렀던 그 시간이었네

돌아서 바라본 자리
홀로 남은 시간
그저 눈길에 취한 향기
눈 감아버린 행복이었지

떠난 그 자리엔
짙은 색 옷 입혀
흔적 지우고 나니
아무도 찾거나 묻지 않아

당신의 기억은
그저
가슴에 머문 이의 몫이리라

꽃은 피고 지고

그렇게 살았던 세상은 그리움으로 물들고
이렇게 사는 세상은 아픔으로 스미네

가슴에 품은 세상은 가득 행복이 되고
마음으로 마주한 세상은
바라보는 만큼 답답함으로 아려오네

바람 불어오면 그 바람결이 고운 꽃이 되고
비가 내리면 빗방울마다 그림이 되네

하늘을 나는 새는
저 창공을 열어젖히고
꽃 위를 노니는 벌은 이 가을을 수놓네

꽃은 결코 늙지 않으니
그저 떨어질 뿐이다

겁쟁이가 되어간다

자연과 같이 하겠다고
세상에 누워 보니
하늘이 이불 되어 덮어 주고

구름이 흐르는 줄 알았는데
욕심이 떠가고
소유한 줄 알았던 생각이
바람에 실려 가는데

마음을 비우니 편할 줄 알았는데
당당함도 저돌적인 행동도
한 번 더 생각에 힘을 잃어 간다

현실 헤쳐 나가는 열정적이던 시간
밀어붙이던 저돌성
진실에서 세상을 보던 생각
주저하는 현실을 본다

미워진다
바보 같아진다
겁쟁이가 되는 것 같다

1월의 노래

구름 걷히고 햇살 쏟아지는
정겨운 빛깔
새해 모든 계획 품고
일 년을 설계하는 희망
새날 새아침 1월이 좋아라

하얀 눈 소복이 내려앉아
세상 깨끗하게 감싸는
맑고 고운 1월이 좋아라

포근한 날씨에
아직 그리움은 없어도
새로운 일 년이 고스란히 솟아난
넉넉한 1월이 좋아라

희망 가득한 시간 속에
아련한 그리움에 잠겨
그대 이름 가만히 되뇌는
이 모든 순간을 1월에 담아 봅니다

가을에 물든 시간

햇살 눈부신 가을날
겹겹이 숨겨 둔 사연들이
세월 따라 흐르니
어느덧 구름에 가려진 빛

내가 선 그곳에
모든 시간이 녹슬어 가고
기다림 속에
세월은 추억의 낙엽 되어 매달리네

가을에 걸어 둔 사연들은
고운 옷 입고
세월 속에 퇴색되어 가도
그 속에서 또 다른 가을을 맞이하네

행복의 양식

뜨거운 숨결 품었던 여름 지나고
긴 기다림 끝에 찾아온 황금빛 들녘
네 속을 가득 채우고 고개 숙이네
사람도 마음의 양식이 쌓이면 고개 숙이겠지

태풍에도 비바람에도
결코 고개 숙이지 않던 너
벌레의 유혹 물리치고
오직 한 길 결실을 향했구나

가을 햇살 아래 꼿꼿한 자태
이제 겸손히 고개 숙여
온몸으로 엮어낸 황금빛 옷
세상 향해 기꺼이 벗어던지네

넉넉한 가을 풍요로운 나눔
네가 준 선물 가슴 가득 채우니
이 땅의 모든 생명에게
따스한 위로와 기쁨이 되리라

열정적인 삶의 노래

삶이란 무대 위에서
진정 나답게 빛나려면

놀 땐 기꺼이 망가지고
일할 땐 체계적으로 부딪혀 맞서라
줄 땐 아낌없이 비우고
사랑할 땐 열정으로 껴안아라

일상조차 축제처럼 살아내면
그 모든 순간이 아름다운 추억
누구나 꿈꿀 수 없기에
아무나 이룰 수 없기에

오직 나만이 해낼 수 있다는
그 믿음으로 행복할지니
어디에 있든 무엇을 하든
나는 뜨겁게 피어나는 삶이 되리

끝없는 나의 꿈

보름달이 솟아오르니
아련한 추억과 옛 꿈들이 떠오릅니다
세월의 강물은 흘러도
가슴속 열정은 마르지 않았습니다

모두가 어려움을 말할 때도
새로운 꿈과 희망을 이야기했습니다
그렇게 다지고 또 다져가며
한 걸음 한 걸음 쌓아 올린 것이
바로 삶의 층층 쌓기 아니던가요

사우디 허허벌판 그 백사장 위에서
거대한 꿈을 포개어 올릴 때
타오르던 그 뜨거운 열정을 기억합니다
아무것도 없는 무無에서
모든 것을 이루어 낸 쌓음의 시간들
그것은 끝없는 도전으로
꿈을 키워 낸 이야기입니다
꿈과 희망 끝없는 진행형입니다

가을 이 마음

나뭇가지에 앉아
황금빛 가을이
풍요를 뿌리다 낙엽으로 흩어집니다

묵직한 바람 소리
가슴으로 스며들면
지난날의 그림자 아련히 떠오릅니다

따스한 햇볕 아래 기대어
사랑의 조각 하나
행복의 결실 하나
가만히 꺼내어 봅니다

이제 나무는 앙상한 뼈대로
세월의 무게 걸어 놓고
낙엽 하나 물고 센티멘털리즘에 빠져 보네

감사 *Thanks*

작은 씨앗 하나
내 마음 밭에 심어 준
따스한 그대 손길

이제껏 몰랐던
세상의 빛깔들
가만히 눈 뜨게 하니

넘실거리는 기쁨
소리 없는 노래로
오늘 하루를 감사로 채우네

바라지 않은 봉사와 배려
무지개로 떠올라
서로의 가슴으로 들어오네

인연과 사랑

우연히 스친 너의 눈빛은
흩날리는 꽃잎처럼 가벼웠지
그저 바람인 줄 알았어
그렇게 마음에 내려앉을 줄은 모르고

인연인 줄로만 알았던 날들이
사랑으로 물들어가
이젠 너 없는 하루가 텅 비었어
그래 이건 사랑이었어

나는 오늘도 너를 잊지 못해
아니 영원히 잊지 않을 거야
이 사무치는 그리움과 인연도
결국 사랑의 또 다른 이름이니까

모든 순간이 노래가 되는

황혼이
물들 때까지
인생은 춤추는 축제

환호와 박수 속에
새로운 막이 오르고
시련의 깃발 아래
용기의 불꽃을 피운다

사랑과 이별이 별처럼 반짝이고
모든 순간이 노래가 되는 곳

끝이 아닌
다시 시작의 팡파르 축제를 기다리며
통 크게 웃어 보는 나

자연의 아름다운 술에 취한다

해님이 산마루에 걸터앉아
노을치마 펼쳐 놓고

나지막한 언덕 위
동리를 지키던 수령 300년의 고목
길다랗게 키 큰 그림자 드리운다

하루의 시름을 내려놓은 새들이
둥지로 돌아가는 날갯짓에
세상은 더욱 평화로워지고

그저 이 모든 것을 바라보며
자연의 아름다운 술에
흠뻑 취한다

겨울 난로의 불춤

목가적인 농원 작은 터전에
내려앉은 하얀 겨울
굴뚝으로 피어나는 연기가
추억을 불러내 그리움을 스치듯
도심 속 화초들의 생명을 위해
화목난로에 나무를 넣는다
타오르는 열기 속 마음의 열정 꽃피고
붉게 타오르는 장작불이
모든 걸 내려놓고 오늘을 품에 안는다
고구마 몇 알 넣어
달콤한 겨울을 맛보는
이 순간이 축복이고 행복이 아닐까
어깨 위 가볍게 내려앉은
맑은 생각은 눈 위를 굴러다니고
덧없는 인생 활활 타오르는 불꽃처럼
열정 가득한 삶이 새롭게 피어오른다

기다림

세상을 꽁꽁 얼리는 추위
땅은 단단해도 서릿발이 일었네
농원엔 소생의 봄을 기다려
희망이 아지랑이처럼 피어나네

매서운 칼바람 스쳐 가도
분명 타는 목마름으로
곳간 언저리 눈물 젖은 마음
살포시 열어
뜨거운 열기로 오늘을 불태우네

짧은 계절의 시간 속
내일을 기다리는 생명들
희망은 자라나고
겨울의 삭막함이 지배해도
그 땅 밑엔
생명이 꿈틀거림으로 가득한 내일이!

잘못된 인연의 그림자

축제는 끝났네
분노는 몸 깊이 스며들어
차가운 겨울바람 속에 눈물이 흐르네

푸르던 하늘은 어디로 사라지고
애써 감춘 잿빛 얼굴엔
세상을 저주하는 시선만이 남았네

살얼음 낀 희뿌연 창밖
빛바랜 희망은
불투명한 시간 속에 갇혀
벗어날 수 없네

축제는 막을 내리고
텅 빈 가지 끝에 매달린
질긴 인연의 검은 그림자
그것을 지금 바라보고 있다네

그대를 기다리며

그대 떠난 줄 알았네
허망한 시간 속 기다림에
생각마저 접어 두었는데

시간의 입맞춤 그 덫에 걸려
세월 흐르는 줄도 몰랐지

향기로운 그 시간 속에 취해
옛날을 그리는 바보가 되어버려
모든 것이 떠나고 홀로 남겨진 줄 알았네

하지만 그대 떠난 흔적으로 남아
오늘을 채워가니 추억은 현실이 되어 멈추고

고운 마음은 꽃이 되고
아름다운 생각은 행복으로 다가오네

좋은 인연을 바랐건만 이루어진 것 없어
그 공간을 추억이 메웠네

인연에게

어떤 인연으로 우리
같은 시대에 태어나
이렇게 소통하게 되었을까

아무도 모를 내일은
어떤 모습의 인연으로 이어질지
기대에 가슴이 설레는구나

그저 마음 활짝 열고
고운 모습으로 다가올
고운 사연을 기다리면 될까
머리엔 희망을 품고
가슴엔 따뜻함을 채운 채

구름이
빚은
이야기

2

삶은 비움의 미학

내일을 향한 바람처럼

바람이여!
어디서 불어와 곁에 머무는가
함께 있을 땐 그 소중함을 잊고
돌아서면 다시금 그리워지는 그대

푸른 잎사귀 스치고 지나
내 닫힌 마음을 가볍게 두드리는 손길
뜨거운 여름의 땀방울을 식혀 주고
은은한 꽃내음 전해 주는 그대

포근히 감싸 안아 주고
무거운 근심 훌훌 털고 떠나도록
더 넓은 세상으로 데려가
새롭게 시작할 용기를 주는 그대

더 맑은 눈으로 세상을 보고
더 크게 소리 내어 웃으라 속삭이는 바람
그대와 함께라면 멈춰 있던 시간들이
다시 흘러갈 수 있을 것만 같아라

기다리는 내일

떡잎 하나 나왔다고
어찌 봄이라 속단하리
산허리 감아 콘크리트 숲을 할퀴는
삭풍은 여전히 세상을 움츠리게 하는데

오늘 잠시 웃었다고
어찌 행복이라 단정하리
가슴 깊이 패인 배신의 상흔은
인생 전부를 뒤흔들고
영혼마저 파고들어
몸과 마음을 병들게 하는데

허나 그래도
시간은 기어이 이 추위를 밀어낼 것이고
세상은 기필코 생명의 축제로 꽃피우리라

초침 따라 가쁜 숨 몰아쉬며
군중 속 흔들리는 아픔 속에서도
오늘의 고통은 흔적 없이 사라지고
내일은 기어이 희망을 찾을 것이다

발가벗은 나, 시린 세상 속에서

아프다고 뱉으면 더욱 치미는 분노에
온 세상이 한겨울처럼 떨고
곳곳의 아우성에 머리가 지끈거립니다
마음속에 화를 가두어 두니
몸 밖으로 상처가 되어 터져 나오고
일상은 분노와 스트레스로 가득 차
작은 일에도 불같이 화가 솟는 삶이 싫습니다
도대체 어디서부터 어긋난 걸까요
달콤한 혀로 유혹했던 악마들은
이제 그림자조차 보이지 않고
목소리마저 들리지 않습니다
누구를 원망하겠습니까
모든 것이 옳은 판단이라 믿고 결정한 대가이니
오늘도 마음은 소리 없이 울고 있고
억지로 웃음 지으려니
메마른 입술은 터져 피가 배어 나옵니다
답답함과 무거움이 온몸을 짓누릅니다
사람의 배신으로
시린 아픔만이 발가벗겨 세웁니다

허우적거리는 거리

뼈를 에는 찬 기운이
길바닥에 스민다
초라하게 널브러진 메마른 생각들

한 발짝 내디딜 때마다
억지로 지어본 미소는 어설픈 삶의 증표

가쁜 숨 토해내며 한 해를 넘겼다
길 위에 던져진 시간들은
얼음처럼 굳어버리고

무엇을 위해 이토록
구겨지고 찢겨야만 했나
존재의 이유를 찾을 틈도 없이
아픔은 쉬지 않고 몰아쳤다

살을 에는 삭풍이 휘몰아치고
고통을 짊어진 생각 겨울 속에 추위에 감겨
움직일 수조차 없게 얼어붙어 버렸다

눈 내리는 길 바람이 끄는 대로

흩날리는 눈발처럼 그렇게 가리라
바람이 끄는 대로 휘날리며
정해진 곳 없이 흔들리리라

하늘거리는 발걸음
겨울은 바람 따라 흐르고
세상은 하얗게 옷을 입고

낯선 이방인으로
외로움에 흔들리고
바람에 허우적거리는 모습으로

바람 앞에 기꺼이 몸을 맡기고
유유히 걸으리
세상의 울타리에 갇힌다 해도
바람 부는 대로 그렇게 걸어가리라

그대여 잠깐만

이 마음이 우울과 슬픔으로 가득 차 아플 때
그대 제 마음에 고요히 머물러 주세요

춥고 텅 빈 자리 외로움에 사무쳐 생각마저 추위에
떨고 있을 때 부디 제 곁에 머물러 주세요

눈빛 하나로 느낌 하나로 마음을
스며드는 훈훈함으로
이 모든 것을 이겨 낼 수 있도록
그저 조용히 제 곁에 머물러 주세요

어둠 속에서 길을 찾아 헤맬 때
제게 따뜻한 마음의 등불을 켜 주세요

그 빛으로 추위를 잊고
희망의 노래를 부를 수 있게
새로운 시작을 향해 나아갈 수 있도록

삶은 비움의 미학

물욕
그 덧없는 그림자여
내려놓고 살자
가벼이

버리고 비우고
손안에 움켜쥔 것 놓으면
깃털처럼
가벼워지는 존재

더 이상 채우려 애쓰지 마라
굳이 쥐려 하지 마라

가벼워진 그 공간에
스며드는 것들이야말로
진정한 즐거움이요
행복이 아니던가

텅 빈 충만함 속에서
진정한 자유를 얻으리니
이것이 곧 삶은 비움의 미학이리

진정한 용기

세상은 늘 편안한 길을 속삭이지
다수의 발자국이 선명한 길
그 길 끝엔 비난 없는 안온함이 있고
모두의 침묵이 만들어 낸 평화가 있지
하지만 그 길 위엔
어둠 속에서 짓밟힌 작은 꽃들이 있고
외면당한 진실의 핏자국이 희미하게 남아 있지

진정한 용기는 그 편안한 길을 박차고
홀로 가시밭길에 맨발로 서는 것
모두의 손가락질과 삿대질을 받으며
불의의 그림자에 빛을 던지는 것
비록 당장 세상은 바뀌지 않을지라도
나의 작은 발자국 하나가
먼 훗날 누군가의 등불이 되어
그 또한 용기를 내어 나아가게 하는 것

진정한 용기는
세상을 한 번에 뒤집는 거대한 힘이 아니라
불의의 침묵을 깨는
작은 외침에서 시작되는 것임을

그대를 향한 마음

살포시 내려앉은 그대의 고운 마음
혹여 추위에 얼어붙을까
안타까이 두 손에 담아봅니다

찬란히 빛나는 그대의 고운 빛깔
뜨거운 태양 아래 시들까 봐
내 주머니 깊이 소중히 넣어 둡니다

감미롭게 스며드는 그대의 향기
새벽이슬에 젖어 사라질까
내 마음 깊숙이 영원히 간직합니다

어디로 숨을까
그 고운 미소 내 눈에 가득 채워
한순간도 놓치지 않고 바라봅니다

티 없이 맑은 그대의 깨끗한 심성
작은 상처라도 입을까 봐
온몸으로 부둥켜안아 보호합니다

그렇게 세상 향해 한 걸음 다가서며
가슴 활짝 열고 하늘을 향해
내 모든 마음을 열어 놓습니다

정읍 촌놈

그놈이 글쎄
그래도 괜찮은 녀석이라고 소문이 자자하네
아 글쎄 그 녀석이
지 인생 시집을 만든다고 하더군

기대는 안 되지만 그래도 원칙은 있고
쓸 만한 녀석이니 제대로
지 인생을 시로 표현할 거야

우리는 그저 구경만 하고
응원만 하면 되는 거지
상재한 시집 한 권 주면 그저 고맙고
또 누가 알아
친구들 지인들 이름도 예쁘게 소환할지
올해 나온다 하니 두고 보자고

그 녀석 나이도 한두 살이 아닌데
밤을 꼬박 새운다고 하더만
참 대단한 녀석이야
지금은 뭐 하는지 몰라
그거까지 우리가 어떻게 알겠어

상처받은 아픈 인연

그 이름 위에 덧씌워진 운명의 자리
정녕 태어남부터 이미 정해져 있던 길이었을까
숱한 인연들 또한 뒤틀린 실타래처럼 엮여
이미 정해져 있었을까

예고 없이 침범당한 삶은
어느새 검푸른 멍으로 시들어 가는가
불쑥 들어와 인생을 흔들고 영혼마저 뒤흔드는구나

썩어 문드러진 향기
독을 품은 혀는
사방으로 뻗어가 기어이 행복마저 앗아가는구나
정녕 우리의 삶은 이미 예고된 비극이었을까

가슴 속 감출 수 없는
거짓의 칼날에 베인 인연을 한탄하며
나는 오늘도 무너진다

지금 세상 속으로

눈이 내리면
어깨에 내려앉는 송이송이
그 하얀 발자국 따라
세상을 거닐어보네
차가운 포옹 속
따스한 평화를 느끼네

바람이 불면
몸을 맡겨 흔들려보네
흔들리는 마음처럼
때론 거센 물처럼
세상의 모든 소란 잠재우는
바람의 노래 속에

시린 추위 속
파릇한 생명 움트면
작은 화초 하나에
봄이 깃들었네
얼어붙었던 마음
따스한 기운에 녹아내리니
이제 모든 순간이 봄이네

계엄령을 보며

내가 낸 땀은 배고픈 아이의 밥이 되고
지친 노인의 따스한 이불 되라
세금이라는 이름으로 바쳤더니
차가운 쇳덩이로 돌아와
이웃의 심장을 겨누네

총구가 겨눈 건 적의 심장이 아니요
내 자식의 등이며
내 부모의 주름진 얼굴이라
내가 낸 돈으로 만든 총칼이
나와 내 가족을 향해 섬뜩하게 빛나네

그 어떤 명분으로도
정치는 핏빛 대상이 될 수 없다
내가 낸 세금은
생명을 살리는 총구의 방향이 되어야지
생명을 베는 칼이 되어서는 안 되니
더 이상 내 땀으로 만든 총으로
내 형제에게 총구를 겨누지 마라

함께 걷는 길

좁은 두 길이 만나
넓어진 한 길을 걷네
고요한 소통으로 마음을 열고
서로의 이야기

넘어질 듯 위태로운 날에도
서로의 어깨에 기대어 쉬고
그늘이 되어주는 따스함으로
메마른 하루를 적셔 주네

마주 보는 눈빛에 피어난 웃음
세상의 무거운 짐을 가볍게 하고
함께 발맞추는 이 길이 곧 기쁨이니
빛이 되어 서로를 비춰 주네

어두우면 밝음이 오리니

어둠이 짙게 깔린 밤
잠은 저만치 달아나고
눈썹달이 쓸쓸하게 비추고
무거운 무엇인가가 온몸을 짓누르네

이 캄캄한 길 위에서
문득 스치는 생각들이
이 시간을 위태롭게 밝히네

이것이 번뇌일까 깊은 아픔일까
혹은 스스로를 괴롭히는 자학일까
아 슬픔으로 가득 찬 세상이여

결국은 모두 짊어져야 할 시간들
해와 달은 매일 릴레이하며
우리를 맞이한다
노함과 슬픔은 기쁨과 즐거움으로
바꾸어야 한다

그날의 총성 군에서 계엄령을

누가 누구에게 총을 겨누었던가
같은 하늘 아래 같은 땅을 딛고 선
형제의 가슴에 박힌 총알
그 차가운 울음이 아직도
이 땅을 떠돌고 있거늘
이런 사고를 가진 자는
사랑과 용서라는 이름 뒤에 숨어
다시는 고개를 들지 못하게 하라
역사의 심판대 앞에 세워
그 죄를 낱낱이 기록해야 한다

국민의 이름으로 용서하지 않으리
다시는 이런 비극이 되풀이되지 않도록
기억의 파수꾼이 되어 지키리라
총 대신 서로의 손을 맞잡는 날까지
우리의 이름으로 결코 잊지 않으리
조국의 이름은 호국의 이름으로 지켜야 하리

빛을 더하는 말

고맙습니다
나를 던져 부담 없이
마음을 전하는 말

용서하세요
나를 죽이며 아프게 하고
스스로를 작아지게 하는 말

사랑합니다
나를 핑크빛으로 물들이고
하얀 세상으로 데려가는 말

행복합니다
스스로를 위안하며
기분 좋아지는 말

누군가에게 위안이고
자신에게 하는 말입니다
그 말들이 모여 세상을 밝히고
나를 채워가는 별빛이 됩니다

가을은 익어 가고

가을은 익어가고
들녘에 황금물결 춤추네
그리움 익어가는 노을 아래
꽃 진 자리 과일은 무르익어 가네

햇살 한 줌 품고 단맛을 더하며
추억은 주렁주렁 가지에 매달려
어느새 알알이 나름의 빛깔 머금었네

우리네 인생도 익어 가네
풋풋했던 시절은 멀리 갔어도
깊어가는 향기처럼 그대와 나
세월의 풍파 속에 단단해졌네

가을은 그렇게 익어 가고
꽃 진 자리 열매 맺듯
우리의 인연도 깊어지며
풍요의 결실로 빛나네

조국이여 영원하라

피와 땀으로 세운 이 땅에
서로를 향한 비난만 설치니
한 뿌리에서 갈라져 깎아내리는
통합의 꿈은 어디로 흘러가는가

어둠 덮인 땅에 백성을 사랑한 마음이
훈민정음 스물여덟 글꽃으로 피어나
오늘의 지혜로 밝게 빛나니

검은 물결 굽이치는 바다 위
오직 한 척의 배에 담은 겨레의 혼
필사의 각오로 나라를 지킨 그대
불멸의 거북선 되어 영원하리

빼앗기고 상처받은 들판에 그래도 피어난 들꽃
두 손 불끈 쥐고 어깨동무하여 나아간 외침이
차가운 감옥 속에서도 꺼지지 않았으니
그대들의 뜨거운 심장이
오늘의 대한민국을 빛나게 하리

가화만사성

사랑으로 가꾼 축복의 집에
작은 웃음꽃 피어났네
총총히 빛나는 별 같은 눈망울에
새로운 아침의 희망이 깃들었네

포근한 할아버지 할머니의 품에 안겨
세상의 좋은 것 배우며
씩씩하게 자라거라
우리 예쁜 아가야
너의 발걸음마다 행복이 가득하네

언제나 너의 꿈을 응원하는
단단한 뿌리가 되어줄 테니
더 넓은 세상 향해 날아오를 그날까지
사랑 가득한 가정의 빛이 되리라

손주, 희망의 꽃

싱그러운 아침 햇살이
창가에 부서지면
꽃잎처럼 피어나는
해맑은 웃음소리

작고 부드러운 손이
주름진 손을 잡을 때
세월의 강물은
고요히 흘러가고

너의 눈동자에 담긴
반짝이는 별들을 보며
다시 꿈을 꾸는
소박한 바보가 된다

아 사랑스러운 꽃들아
너희의 방실거리는 웃음은
시들지 않는
내 삶의 가장 아름다운 정원

네 마음 *Heart*

텅 빈 유리잔에
가득 채워진 물처럼
말없이 스며든 고마움

빛을 품은 조약돌처럼
반짝이는 마음 하나
내게 남겨 두었네

이 빛으로
어둠 속에서 길을 찾고
가장 밝은 별이 되리라

고마움 *Gratitude*

아무것도 아니었던 날들에
이름을 붙여주고
의미를 찾아준 그대

가끔은 길을 잃어도
괜찮다고 말해준
그대의 믿음과 격려 덕분에

변함없이 걸어가네
세상 가장 아름다운 길 위를
그대라는 이름의 길을

고요한 등불처럼

거리의 불빛 스러져도
내 안의 창가엔
작은 불씨 하나 켜 봅니다

다만
어둠 속 누군가에게
희미한 등불이고 싶습니다

크게 빛나지 않아도
그저 그 자리에
고요히 빛을 밝히는
불꽃이고 싶습니다

기대어 보는 어깨
말없는 위로가 되어
깊은숨 쉬게 하는
희망의 쉼터이고 싶습니다

봄날, 이 순간

햇살이 어루만진 자리
꽃망울 터져 오르고

바람이 스쳐 간 길목마다
향기 그윽히 번져 오네

이 모든 순간이 축제로세
사방이 온통 행복이로세

봄의 전령사 목련 잎에 앉은
맑은 이슬에 마음 빼앗겨 바라보네

눈에 담는 모든 풍경이 낙원이고
이 순간이 바로 희망이고 축복이네

낙화 落花

꽃잎이 흩날린다 심장이 저민다
고이 간직한 마음
산산이 부서지려나
시리도록 아프다

꽃잎 지면 새싹이거나
토실한 열매가 돋아나건만
짓밟힌 신뢰는 분노로 타올라
끝내 눈물이 된다

떨어진 꽃잎 결국 흙으로 돌아가는데
터져 버린 분노 깊은 상흔 되어
돌이킬 수 없는 길로 이어진다

내년에도 꽃은 피겠지
이 깊은 상처는 절망의 구렁텅이로 빠뜨리고
아파도 울지 못하고 그저 삼키겠지

꽃잎이 떨어진 자리

꽃잎 져도 그 자리엔
외로움 한 줄기 마음에 스미고
그리움도 젖어드네
향기는 그림자처럼 아련히 남았나

고운 빛 바랜 벚나무 가지에
봄은 이미 떠났지만
정든 그리움만 아로새겨 앉아 있나

말 못 할 아픔도 보이지 않는 눈물도
꽃 사라진 마음에 허망함만 채우나
텅 빈 가슴 저미는 시간의 흐름 속에
더 깊어지는 사랑이 그 자릴 채울 수 있을까

그냥 두세요

시간이 흐르는 대로
넘어지는 발걸음도 부서지는 마음도
시간으로 잊힐 수 있도록 그냥 두세요

바람이 부는 대로
흔들리는 나뭇잎도 갈 곳 없는 마음도
바람따라 흐르도록 그냥 두세요

아픔이 찾아와도
울컥 치밀어 오르는 슬픔도 서러움도
눈물로 흘려보내게 그냥 두세요

애쓰지 않아도 붙잡지 않아도
그렇게 시간은 흐르고
아픔도 지나가도록 그냥 두세요

내려놓음이여

다 내 것이 아니라네 보이는 것들마저도
눈으로 마음으로
손끝으로 스치는 찰나의 감촉만이
진정으로 나의 것이네

시간 또한 내 소유가 아니기에
강물처럼 흘러가고
어제의 찬란했던 순간들도
오늘에 이르면 이미 내 것이 아니거늘

더 채우려 욕심내고
더 움켜쥐려 하면
무거워 휘청이고
결국 터져버리리니
이 모든 것을 다 가지려 애쓸 필요 없다네

생각이 곧 행복으로 스며드는 순간
지금 가진 것만큼만 보고 즐기며 살아가세
욕심은 부질없음을 깨닫는 순간
비로소 마음은 고요한 평화를 찾으리

어둠으로 덧칠한다

아픔의 긴 터널을 지나며
기억 저편의 순간들마저
생의 길목에서 다시금 아픔으로 다가서네
빗물 흐르는 창밖을 보니
가로등만 홀로 껌벅이고
갈 곳 잃은 마음은 허공을 맴도네
이곳이 봄인지 아직 겨울인지
오직 어둠만이 내려앉아 있네
혼자만의 아픔으로 찾아온 이 공허함은
앙갚음인가 보복인가 복수심인가
모든 것이 어지럽고 허전한데
왜 이토록 사무치게 아픈가
아직 끝나지 않았네
나쁜 사람들이 숨 쉬면 세상은 오염되기에
악행을 저지른 자들은 마땅히 죗값을 받아야 하네
계절은 퇴색되고 또 다른 계절이
가느다란 햇빛을 타고
삭막한 세상이 안겨 준 이 끝없는 분노는
낡아져 가는 빛깔 위에
어둠의 색깔로 덧칠해 가네

내 사랑은 너에게

너를 위해 내 모든 걸 쏟아부었지만
너는 그것을 당연하게 받아들였네
아낌없이 준 내 마음에 기댄 채
너는 그저 익숙한 풍경처럼 서 있었지

간절한 부탁은 권리가 되어
당연히 내가 들어줘야 할 일이 되었네
나의 헌신은 너의 소유가 되고
나는 그저 너를 위한 도구였을까

이것이 너의 배신일까
아니면 혼자 켜 놓은 짝사랑의 불꽃일까
사랑의 이름으로 시작한 이 길이
결국 너에게는 쉬운 길이 되었나

그저 내가 너에게 건넨 모든 것이
내 마음을 배반하는 칼이 되었네
짝사랑이라 부르기엔 너무 아프고
배신이라 하기엔 너무 익숙한 이 마음

상처와 아침 해

베이고 상처 나고 속이고 떠나도
겉으로는 웃으며
마음엔 켜켜이 아픔이 쌓이네
그렇게 세상을 아프게 바라보는 게 인생인가

사랑하고 미워하고 그리워하고
결국 아무것도 아닌 것으로 돌아가는
허무한 시간의 굴레 속에서
우리는 또다시 아침을 맞이하네

어제 아픔도 오늘 슬픔도
저 붉은 노을 속으로 사라져
그렇게 매일 새롭게 시작하는
무거운 발걸음이여

인간에게 주어진
망각이라는 이름의 신비로운 약
그것만이 유일한 명약임을 알기에
우리는 또 하루를 살아간다

따스한 가을 풍경

강줄기 따라
흰 구름은 걸음을 멈추고 쉬어 가네
따스한 햇살이 푸른 하늘을
그림처럼 물들이네

지붕 없는 들판 위로
붉게 익어 가는 고추
뜨거운 여름의 이야기를 품고
가을의 속삭임을 전하네

바람결에 실려 오는 그윽한 냄새
고운 사연들을 단단히 엮으니
내일의 꿈은 그렇게 익어 가고
가을은 따사로운 햇빛에 깊어만 가네

탐하지 않는 자리

몸을 옷에 맞출 수 없듯
자리 또한 그러하리
억지로 꿰맞춘 옷은
결국 몸을 옥죄듯
과한 욕심으로 얻은 자리는
생각마저 병들게 하네

짊어진 짐이 무겁고
길이 험하다고
내려놓고 싶을 때 있었지
그것은 쉼이 필요한 때요
진정 자신의 자리를
돌아볼 때이리라

자신의 생각과 다르다고
비난이 칼날 되어 박힐 때
삶의 무게에 울었지만
그 눈물은 자신을 비추는 거울
혼자 이겨내기 버거웠던 날들
오직 자신만의 욕심은 아니었는지

도전하고 열정적으로 살아왔으나
어찌 모든 것을 홀로 감당하랴
어디에 있든 어떤 꿈을 꾸든
자신이 서 있을 자리는
억지로 만드는 것이 아니니
과한 욕심으로 채운 곳은
결코 자신의 자리일 수 없음을

꽃의 색은 곱고 고와도
자연의 순리처럼
세상 모든 것은 제자리가 있어
욕심 없이 비울 때
비로소 진정한 내일을
맞이할 수 있음을

가을의 풍요

이 금빛 햇살 오래도록 머물러
세상을 보듬게 하시고
넉넉한 풍요로움으로 가득 채워 주소서

높푸른 하늘 아래 숨 쉬는 오늘도
새로운 꿈을 꾸게 하소서

탐스러운 능금처럼
곱게 익어 가는 우리네 마음도
사랑으로 채워지게 하소서

스치는 바람의 나지막한 속삭임이
서로를 향한 따스한 언어가 되게 하소서
그리하여 행복이 가득 넘치게 하소서

가을 애상

가을 햇살 아래 코스모스 춤추고
문득 돌아보니 삶도 한 송이 꽃이었나
어느덧 여기까지 와 있네

겨울 문턱에서 잠시 쉬어가는 길
붙잡고 싶은 시간이 아쉽기만 해라
세월이 흘러도 이 마음 그대로인데
거울 속 모습은 어찌 이리 변했는가

슬픔이 밀려오네
때가 되면 꽃은 지고
덧없이 흐르는 시간 속에 추억만이 남으니
기다리지 않아도 저절로 바뀌는 계절
그 허무함으로 삶을 보는 듯하여
가슴 한 켠이 아려오네

나의 어머니

한평생 한숨으로 멍들었던 당신의 가슴
눈물로 쌓아 올린 세월
어머니, 그 오랜 시간은 도대체 얼마였을까요

굶주린 배 움켜쥐고
"나는 괜찮다, 어서 먹어라" 하시던
그때 그 깊은 사랑을 미처 알지 못했습니다
뒤늦게야 사무치는 당신의 뜻
이 목숨 다한 뒤에야 비로소 잊힐까요
어머니. 이제는 그저 눈물만 흐릅니다

자식을 향한 당신의 깊은 사랑
"군대 간 막내아들 오기 전엔 묻지 마라" 하시던
그 애끓는 유언에 놓지 못했던 어머니
얼마나 못난 아들 기다리셨을까요

달려와 도착했을 땐 이미 당신은
차가운 흙 아래 묻히고 안 계셨습니다

그렇게 그리던 막내아들 얼굴도 보지 못하고
그렇게 홀로 떠나가신 어머니
사무치게 그립고 보고 싶습니다

어머님을 외치며
밤새도록 목 놓아 울던 그 울음소리
아직도 어제 일처럼 심장을
갈기갈기 찢어 놓습니다
어머니, 죽어서도 잊지 못할 당신의 사랑
가슴에 영원히 살아계시는 어머니

아픈 몸 숨겨가며 아들 등록금과 하숙비라며
낡고 젖은 돈을 쥐여주시던 그 손길
어찌 잊을 수 있을까요
어머니란 단어 그 세 글자만으로
이토록 하염없이 눈물이 납니다

선거 때, 노인정에 들러 어르신들을 뵈었을 때
그분들의 주름진 얼굴에서
문득 당신의 모습이 스쳐
그 순간 참아왔던 그리움이 북받쳐
세상 사람들의 시선도 잊은 채 그만
하염없이 뜨거운 눈물을 쏟아내고 말았습니다
어머니, 이 막내아들
당신을 이렇게나 사무치게 그리워합니다
어머니, 눈물로 불러봅니다

거짓의 그림자

믿음이 돌아서 비수가 되어 박히니
온몸이 먼저 쑤셔와 사무치게 아프다

거짓이 영혼마저 파고들어 흉기가 되어 덮치니
슬픔이 한이 되어 맺힌다

혀끝에 현혹되고 웃음 뒤 감춰진
검은 악마를 보지 못했으니 바보였을까
아니면 믿었던 의리의 종말인가

시간이 흐르면 잊힐까
계절이 수차례 바뀌면 무뎌질까
차라리 숨을 거두면 사라질까

믿음이 산산조각 난 배신의 말로
세상과 입 맞추는 것이 두렵다

지구의 아픔

어디까지 무너져야
우린 깨달을까
기후는 변하고 세상은 병들어 가네
아프다고 신음하며 알렸건만
욕심에 눈멀어 외면했지,

높아지는 온도에 빙하는 녹아내려
재앙의 그림자
누구의 탓이라
묻지 마라 후회 마라
모두의 욕심이 만든 결과니까

지구는 아파하고 신음하고 있어
더 이상 물러설 곳은 없어
우리 손에 달린 미래를 위해
이제 행동해야 한다
이 땅은 우리가 후손에게
맑고 깨끗하게 물려주어야 하는데....

자연 속 나

꽃잎 져도 나무는 죽지 않듯
새로운 시작 힘차게 일어나는 나

서두른다고 해가 지는 건 아니니
주어진 만큼 오늘에 머무는 나

계절의 숨결 느끼는 여유 속에
사랑 가득 자연을 품는 나

숲과 어우러져 긍정으로 빛나면
생기 넘칠 내일을 약속하는 나

꽃향기에 취하는 이 순간
행복 부르는 순리 따라 흐르는 나

3

세월의 길목에서

그 사람

보고만 싶어지고
주고만 싶은 그 사람
고운 빛깔 정겨움으로
가슴 채워주네

항상
그리운 모습의 기다림에
웃게 해 주는 그 사람

뛰어오르면 보일까
달려가면 만날까
눈 감으면 사라질까
시간 지나면 잊힐까

찰나의 휴식

일상의 덧없음에 마음이 깎일 때
흘러가는 봄날의 아쉬움 뒤로하고
잠시 멈춰 선 길 위에서
비로소 찰나의 평화를 얻었네

감춰 둔 마음 쏟아내 피어난 웃음
구름 위를 걷는 듯 가벼웠던 시간은
달콤한 향기가 되어
내 영혼에 스며들었네

차마 그리워 속삭이지 못하고
입가에 은은한 미소만 짓는 것은
꿈결 같던 그 잔향이
영원의 행복이기를 바라기 때문이네

봄비 목가牧歌

잊지 않고 찾아온
세상의 봄에 감사하나니
연둣빛 생명 돋아나는 계절에
가슴 벅찬 행복이 가득하네

생명수 뿌려주는 봄비에 감사하며
터전 가득한 생명에 또 감사하네
고추, 가지, 상추, 호박 심어 올리니
여름날 맺힐 결실에 희망을 꿈꾸네

정겨운 빗소리 떨어지는 생명수는
한 편의 음악 되어 흐르니
벅찬 감동으로 충만한 하루에
깊은 감사를 느끼네

한산도 역사길

한산도 푸른 바다
물결이 굽이치는데
그 속에 잠긴 역사의 혼은 어디에 숨었나
성웅 이순신 장군 호령 소리,
쩌렁이던 그날 한산대첩!
겨레의 이름으로 빛나리

국난 극복의 위엄은
높고 낮은 봉우리마다 깃들어
동백꽃 붉게 타올라
시대의 아픔을 핏물로 피웠네

달 밝은 한산섬 밤
고요히 내려앉아
이 아름다운 땅에
얼과 혼을 담으니
향불 하나 피워
깊은 시름 잠시 잊으라

오늘, 한산도 이 충무공 유적을
돌아보며 그의 얼을 기린다

세월의 길목에서

가고 또 오는 세월
몇십 년을 보내도
가슴 한편엔 아쉬움이 스며든다
무언가 놓치고 가는 듯한 허전함이
안타까움으로 남아 마음을 저민다

다가올 시간에는
더 많은 행복이 가득하기를 기대해 본다
언제나 건강한 생각으로
오늘을 보내는 이 아쉬움에서

일상 속에서 크게 한 번 웃어 보자
세상을 향해 소리치며 웃어 보자
그 웃음이 새로운 시작의 울림이 되도록
가슴에 새겨 보자

얼마나 좋을까?

비 오는 날
비에 젖지 않고
걸어갈 수 있다면
얼마나 좋을까

세월이 가면서
아픔 없이 살 수 있다면
얼마나 좋을까

배신 없이 믿음으로
같은 세상을 꿈꾸며
살 수 있다면
얼마나 좋을까

사랑하는 사람과
이별 없이 살 수 있다면
얼마나 좋을까

긍정의 씨앗

한순간 내게 보여 준 그 미소는
결코 잊을 수 없습니다
짧은 찰나 스친 따스한 눈빛도
마음에 새겨 지워지지 않습니다

곱디고운 마음 그 진실을 믿고 싶습니다
비록 스쳐 가는 시간이었지만
곁에 다가온 그 순간을
소중히 간직하겠습니다

때론 미워지고 싫어져도
따스함으로 마음을 덮으려 합니다
누군가 바보라고 해도
그 순간의 진심은 믿음으로 남을 것입니다

덧없는 순간이 이토록 깊은 여운을
남길 줄은 미처 몰랐습니다
그 미소 그 눈빛이
나를 아프게 하는 칼날이 됨을
똑똑히 알고 있습니다

어디쯤 머물러야

산이 좋아 이끌린 마음
들끓는 야성인가
바다 찾아 머문 눈길
깊이 헤아린 지성인가

하늘을 우러러보는 것은
온 세상 믿고 품으라는 뜻이고
자연 속에 스며든다는 것은
희망을 채우라는 의미인가

무엇을 바라보고 있는가
그리고 그 속에서
무엇을 헤아리고 있는가

물결처럼 일렁이고
산처럼 웅장한 세상
갈피를 잃고 맴도는 생각
어디쯤 머물러야 하는가

비우자, 붙들지 말자

바람 불면 바람 따라 흘려보내자
붙잡아 두면 내 삶 흔들고 아프게 해

구름 또한 정처 없이 흘러가게 두자
마음 담으면 어느새 짙은 사연 되어 비가 되지

아름답던 사랑도 미련 없이 놓아주자
붙든 기억은 상처 되어 오래 아물지 않으니

비우고 내려놓고 훌훌 털어 버려야
새로운 삶이 맑은 샘물처럼 차오르지

이루지 못한 오랜 꿈일지라도
이제는 고이 묻어 두자

흐르던 물이 한곳에 고이면 썩기 마련
더 큰 바다 향해 흘러가듯 떠나보내자

그래, 그 순간의 판단

봄을 지나 여름
계절의 강물 따라
멀어져 간 시간은
아스라이 손 닿지 않는 곳에

애써 태연한 척 돌아서도
불안한 시선은 한곳에 박혀
떨리는 마음은 감출 길 없어
나지막이 되뇌는 혼잣말

그래 그 순간의 판단은 맞았어
그리 말하지만
뒤돌아선 길 위에
남겨진 아쉬움은 한숨 되어 피어오르네

구름 잡아 사연 만들고
지나가는 바람 잡아 땀 흘리지만
그때 놓친 것들의 그림자는
오늘도 그때를 붙들어 놓네

행복이란 꿈

세월이 흘러도
잊히지 않은 건
무엇인가요
계절이 바뀌어도
버릴 수 없는 건
무엇인가요

애달픈 모습들이
빛바래 간다 해도

고운 향기
아름다운 미소
가슴에 숨겨 둔 숨결은
여전히

오늘도
행복으로 다가오는
그대인가요

삶의 거울

운명의 실타래 속
첫발을 내딛고
세상의 이치를 배웠네

그대 눈빛에 비친
그림자를 보았을 때
비로소
참된 자아를 마주했지

때로는 어두운 진실보다
고운 거짓말이
더 따뜻한 양심으로 다가왔네

오직 믿음만이
가장 현명한 선택이었고
기적 같은
희망으로 빛나던
길이었으니

내일을 위한 기다림

온몸 불사른 태양이
석양에 지쳐 기울 때
산등성이 한입에 덥석 물어버렸네

불덩이 태양을 꼴깍 삼킨
붉은 노을만 아름답게 흐르고
여의주 삼킨 꿈틀 용틀임 시작하는데

꼭꼭 숨어 버린 태양은
가까스로 어둠 속으로 스러지고
그저 바라만 보았네
뜨거운 열망 가슴에 품고

하루가 끝난 허허로운 자리에
피어나는 건 나를 향한 갈증

우뚝 솟아 온 세상을 비출
힘찬 내일의 태양
내일은 그 빛 속에 주인공이고 싶어라

인생의 새벽

째깍째깍
어둠이 흐르는 소리
시간이 멈춘 듯
세상은 침묵했지만

창가에 스민 달빛
아스라이 흔들려
밤의 끝을 붙잡고 있네

째깍째깍
무거운 침묵 속
고동치는 심장 소리

밤은
가장 깊은 어둠 속에서
가장 찬란한 아침을
간절히 기다리고 있네

시인의 마음

글에 생명을 심어
영원히 살게 하는 시인
죽어 가는 마음에도 붓을 들고
빛바랜 추억을 불러내어
내일의 창문을 열어 주네
시인은 마음에 붓이 되어
흐르는 강물처럼 모든 것을 담고
아픔의 흔적을 지워 주고
희망의 씨앗을 심어 주네
메마른 땅에 꽃을 피워 주네

추억이고 미래이고 내일이며
지나온 시간의 기억이 되고
다가올 시간의 꿈이 되어
상처 입은 마음을 감싸 안고
사랑과 기쁨을 가득 채워 주네
아픔도 희망도 사랑도 기쁨도
모두 담아 품어 주는
끝없이 넓은 마음의 터
시인의 글이 살아 숨 쉬는 곳에서
영원히 빛을 발하네

시간의 가치

사업가는
거친 들판에 씨앗을 뿌려
수많은 사람의 꿈이 자라나는
거대한 숲을 이루고

정치가는
시대의 아픔을 보듬어 희망의 빛을 밝히니
시간은 세상의
어둠을 밝히는 등불이 됩니다

그렇게 시간은 단순한 흐름이 아니라
누군가의 삶을 풍요롭게 하는 위대한
도구이고 터전입니다

사업가의 땀방울이
삶의 터전을 일구고
정치가의 헌신이 모두의 마음을 보듬으니

그 시간의 가치는
결국 사람을 향한
아름다운 사랑 아닐까요

눈 오는 날의 연가

그대
내게 오려거든
세상이 온통 하얗게 변하는 날 오소서
그대 발자국 남기지 못하도록
온 세상 덮어 버린 눈처럼
내 그리움도 그렇게 덮어 버리려오

아직도
삭풍 부는 겨울날
그대와의 시간이
새하얗게 얼어 버린 듯하여
밤새도록
울면서 그 마음 녹여내려 하오

혹여
내가 그대 마중 나가다
길 잃을까 하여
눈밭에 내 발자국 지우지 못하오
그 발자국 따라
그대 다시 돌아올까 하여

그 자리, 시작점이다

넘어져 아픈 상처
희망의 힘으로
새로운 시작점에 서 있네

넘어진 그 자리
끝이 아닌 시작점인
그곳에서
다시 시작해 보려 하네

눈물 닦고 다시 일어서
새로운 길을 열어젖히는
맹렬한 불꽃으로 타오르리라

참 좋다

강물에 낚싯대 드리우니
고기는커녕
세월만 낚이는 데도 참 좋다

참 좋다
아득한 세상 모든 시름 다 잊고서
흐르는 물결에 몸을 맡겨라

술 한 잔 기울이니
친구는커녕 달빛만 홀로 비추는데도 참 좋다

참 좋다
덧없는 세상 모든 허물 다 벗고서
푸른 하늘 구름과 벗 삼으니

빈 마루에 누워 잠은커녕
시 한 줄만 떠오르는데도 참 좋다

참 좋다
막막한 세상 모든 욕심 다 내려놓고서
고요한 바람 소리에 귀 기울이니

내가 나를 사랑해야

내가 행복해야
남도 행복하게 할 수 있다
내가 웃어야
세상도 따라 웃는다

나를 위해 쓰는 시간이
최고의 시간이고
행복으로 가는 길이다
나를 위해 여행도 가고
외로울 때 꺼내 볼
아름다운 향기도 담아 둔다

나를 사랑해야
남들도 나를 사랑한다
거울 속의 나를
오늘도 웃게 하자

못다 핀 꿈

저무는 시간의 틈으로
성급히 쫓겨온 걸음
못다 핀 꿈 한 조각
희미한 추억 속으로 걸어가네

소란한 세상의 물결 속
외투 깃에 스민 붉은 향기는
외롭게 맴돌던 열정의 흔적
코끝에 감도는 아쉬움만 남기고

모든 소리가 멈춘 고요 속
아직 피어나지 못한 꿈은
다시 내일을 향해
가슴 한편에서 숨 쉬네

내일의 등불을 켜고

내일의 등불을 켜두고
새로운 길을 나아간다
어둠 속에서 홀로 걷는 발걸음
왜 이리 겁나는 일이 많은지
행동 하나 일상마저
두려움에 떨리는 순간들
세상의 눈빛은 차갑고
어떤 비난도 홀로 감내해야 하니

모두가 숲은 보지 않고
바람에 흔들리는 나뭇가지 끝만 본다
고독 속에 홀로 길을 만드니
두려움은 더욱 커져만 간다
그래도 포기할 수는 없으니
작은 등불 하나 켜 두고
거친 길 위에서 밝힌다
내일이란 이름의 등불을
두려움 속에서도 멈추지 않고
꺼지지 않는 희망을 품고
오늘보다 단단한 걸음으로
두려움을 이겨 내고 나아가리

마음의 상처

나만 아픈 줄 알았다
내 안의 상처가 나를 찌르고
피 흘리는 고통에
소리 없이 흐느끼는 줄 알았다

너의 아픔은 보이지 않았고
소리로 전해지지 않았다
그저 내 그림자처럼
늘 함께 있는 줄만 알았다

하지만 너의 깊은 상처가
내 가슴에 멍으로
눈물짓게 한다는 걸
이제야 깨달았다

나의 아픔은 나의 것이었지만
너의 아픔은 우리의 것이 되어
서로를 안고 울어야 하는
길고 긴 상처였다

아我

내 것도
내 자리도 아니다
'나 아니면 안 된다'는
위험한 생각일 뿐
결국 나를 해치는 칼이 된다

무언가를 좇는 삶도 좋지만
비워내는 일상도 좋다
그 여백이 다시 채울 공간을
만들기 때문이다

사랑도 미움도
모두 내 안에서 피어난다
마음의 짐 또한
누구의 것도 아닌
내 것이다

내 안의 나침반

사막에 핀 꽃처럼
그렇게 빛나고 싶다
햇살 한 줌 물 한 방울
없이도 피어나는 강인함으로

모두가 등 돌린 길
홀로 걷는 고통 속에서도
내 안의 나침반은
언제나 옳음을 가리키네

상처를 입어도 괜찮다
아물지 않는 흉터가 남을지라도
그것은 나의 용기 나의 발자취
어둠 속에서 빛나는 별이 될 테니

그렇게 나는 모두가 부러워하는 성공보다
내 마음이 끄덕이는 삶을 살겠다
바람이 불어와도 웃으며 나아가리라

삶의 방정식

모든 자연의 조화 속에
이 세상에
너와 나의 믿음으로
하나 되는 길을 걷네

길은 희망의 빛이자
축복의 샘물이 흐르는 곳
때로는 진실보다 더 하얀
거짓이 위안이 되기도 하지

어려운 공식 속에서
정답을 찾으려 애쓸 때
마음의 방정식은 사랑으로
풀려 나가는 신비한 해답이 되지

그렇게 우리의 삶은
정해진 답 없는 미지수
하지만 함께 걷는 길
서로의 존재가 해답이고
삶의 방정식 아닐까

좌절된 길, 웅대한 꿈의 잔해

메마른 길 위에서
찬란한 태양은 등에 꽂히고
그림자는 저만치 앞서 달아난다
발밑의 흙먼지조차 꿈결 같았던
웅대한 설계 희망의 푸른 지도
어느새 찢겨진 종잇조각 되어
바람 없는 골목을 서성인다

수많은 약속과 믿음이
모래성처럼 허물어지고
메아리 없는 공허만이 남았다
가슴에 박힌 뾰족한 파편들
피 흘리지 않아 더 아린 상처
벌이 꽃에게 상처 주지 않듯
그저 취할 것만 취하고 갔으면
생각이 무너지지 않고 견디어 갈 수 있으련만

이제 어디로 가야 하나
빛바랜 꿈의 잔해 위에서
가슴 치며 부르는 이름은
오직 깨어진 자신뿐

가던 길 멈추고 쉼

그리 어려운 발걸음이 아니었는데
어찌 그리 헤매었나
길 잘못 들어선 줄 알면서도
되돌아오는 시간 그리 오래 걸릴 줄 몰랐는데

왜 이제야 발길을 돌렸나
찢긴 마음의 상처는 덧나고
믿음이 파묻힌 늪에선 헤어날 길 없어
가슴 속에 열쇠마저 빠뜨렸으니
이 모든 아픔 이 모든 미련이
결국은 부질없었음을
한숨으로 발밑에 피어난
작고 여린 들꽃 한 송이
그것을 보기까지
어찌 이리도 긴 시간이 필요했을까

믿었던 이의 절규 섞인 말
그 상처를 가슴에 묻고서야
모든 것을 비로소 내려놓으니

이제야 겨우 긴 숨을 쉴 수가 있구나

삶의 무게

시인의 머리에
제일 무거운 게 뭘까
펜이다

온갖 생각을 담아
한 문장으로
표현하는 고뇌의 시간

삶의 철학도
인생의 희로애락도
아픔도 슬픔도

때로는 칼이 되고
때로는 기쁨이 되고
때로는 감동이 되는

글에 생명을 담아
간절함으로
희망을 쓰고 싶다

눈물 꽃다발

차가운 말들로 엮어 낸 당신의 미소
그 뒤에 숨겨진 날카로운 가시가
내 마음의 뜰에 깊은 상처를 냈네
아물지 않는 아픔 그대 때문이라

용서라는 이름의 무거운 짐을 지고
애써 외면했던 당신의 그림자
나의 마음은 더 깊은 수렁에 빠졌고
나를 지켜 낼 힘조차 잃어 갔네

이제야 알았네 용서는 당신의 몫이 아니었음을
나를 위해 나의 평화를 위해
더 이상 아픈 마음에 갇혀 있지 않으리
당신을 놓아주고 나를 끌어안으리

아픔의 씨앗을 뿌린 당신에게
용서 아닌 눈물로 피워 낸 꽃을 바칩니다
이제는 당신이 아닌 나를 위해
이 아픔의 시간을 추억 속에 묻어 두겠습니다

혼자라는 생각의 늪

차가운 벽에 갇힌 듯
사람들의 웃음소리 밝은 이야기들
닿지 않는 저 먼 곳의 풍경
그저 홀로 투명한 공간에 갇혀 있다

세상에 기쁨이 넘실대는데
멈춰 선 채 그림자처럼 서 있다
가슴의 상처가 뿜어내는 먹구름
세상은 빛을 잃고 잿빛으로 물들었다

익숙한 길 위를 걷지만
모든 발걸음은 낯선 타향을 헤매는 듯
세상과 생각 사이의 보이지 않는 강
혼자라는 깊은 바다에 잠겨 있다

술잔 속 요지경

술잔에 사랑을 담고
술잔에 시름을 담고
술잔에 세상도 담아본다

하늘에 별도 함께하며
세상의 흔들림까지 잔에 담아내니
술잔은 이내 출렁이는 삶의 풍경이 된다

별빛이 부서지는 잔을 기울이며
흔들리는 세상 속에서
시간을 찾고, 마음을 위로한다
오늘도 잔을 비워
새로운 내일을 채워 본다

설움, 그날의 한

그날의 한恨이 땅에 묻으리
가슴에 맺힌 이야기
못다 한 굴욕의 상처
이 시린 눈물 누가 닦아 주랴
이 아픈 영혼 누가 달래 주랴
이 땅에 태어난 것이 죄라면
그 한恨 기꺼이 이 땅에 묻으리
후손들에게는 혼으로 남아
다시는 이런 아픔 겪지 않도록 지켜 주기를

돈으로 이 큰 가슴의 한을 보상한다고요
이 치욕의 돈을 노잣돈 삼아 떠나야 할까요
후손에게까지 이 더러운 돈을 물려주라니요
흔들리고 싶지 않소
그날의 아픔을 기억해 주오
부디 잊지는 말아주오
더러워진 몸 목욕비라도 쓰고 가려 했건만
그냥 가려 하오
이 몸 씻고 간들 무슨 소용 있겠소

- 이 시는 위안부 할머님의 깊은 슬픔과 한을 담았 습니다

어울려 산다는 거

좋은 인연 만나 함께한다는 것
얼마나 큰 선물이고 축복인지
행복 속에 온전히 젖어 봅니다

늘 좋고 기쁘고 행복할 순 없어도
사랑하는 마음으로 채우고
긍정의 생각은 축복으로 채워집니다

세상은 어울려 사는 것
혼자가 아닌 우리로
다름을 품고 손 맞잡을
서로의 삶에 스며들어
더불어 빛나는 축복의 오늘입니다

두고 가는 마음

무언가 두고 가는 허전함은 뭔가요
해가 바뀌어 쌓인 나이 탓일까요
앙상한 몸에 스며든 바람이
마음까지 시리게 합니다

이 밤을 붙잡고
흐르는 세월 따라 가노라면
문득 등 뒤에서 부르는 소리
돌아보면 아련한 추억뿐입니다

머리는 왜 이리 무거운 걸까요
너무 많은 것을 담아둔 탓일까
저리도 환한 달빛은
덧없는 구름 한 점 없기 때문이겠죠

달빛이 비집고 들어온 공간
그 속에 뒤섞인 꿈과 미래
돈과 술 욕심과 아집
무엇을 채우고 무엇과 이별해야 할까요

무거운 머리 때문일까
사무친 한기 때문일까
열정은 식고 채 담기도 전에 잠이 듭니다

보석함에 담을 수 없는 당신

고요히 열린 보석함
그 작은 뜰에 씨앗 하나 떨어졌네

당신의 숨결로 싹 틔운 날들
밤하늘의 별처럼
작고 고요한 반짝임이었는데

어느새 당신은 보석함을 가득 채우고
두 손 가득 넘쳐흐르는
눈부신 빛이 되었네

작은 뜰에 가둘 수 없는 그대여
부디 더 넓은 세상으로
당신의 빛을 펼쳐 가기를

고요히 미소 지으며 오직 혼자만이 아는
그 뜰을 가슴에 품고 당신을 보내네

술잔에 담긴다

술잔에 추억 담긴다

그리운 얼굴들 다정한 목소리
잊을 수 없는 그날의 웃음꽃들
잔을 채우는 맑은 술방울 속에
반짝이며 다시 피어나네

술잔에 아픔이 담긴다

뜨거웠던 눈물 쓰라린 이별의 흔적
미처 다 지우지 못한 후회의 그림자
한 모금 넘기는 쓸쓸한 술맛에
아물지 않은 상처가 다시 쓰리네

술잔에 행복도 담기리라

지나간 날들의 슬픔을 딛고
새롭게 찾아올 기쁨을 기다리며
오늘 채우는 희망의 술잔 속에
환한 내일의 웃음 가득 담으리

넘지 못할 사랑

어느새 차가운 바람이 부네
따스했던 손을 놓으니
닿을 수 없는 곳에 서 있는 그대
여전히 반짝이는 눈빛만

견고한 성을 쌓던 우리의 꿈
현실이라는 이름의 벽은
한 겹씩 쌓아 올린 시간마저
무너뜨리고 흩어져 버리네

넘지 못할 벽 앞에 마주 선 채
서로 다른 하늘을 보며
사랑은 여기까지인가
말없이 그대 뒷모습만 보네

가슴에 묻은 사랑

가까이 갈 수 없는 별처럼
오랜 밤을 헤매다 발견한 너
닿을 수 없기에 더 빛나는
그리움으로만 피어나는 사랑아

시든 꽃잎을 보듬듯
마음 가장 깊은 곳에
오직 너만을 위한 자리를 내어 주네
시간이 멈춘 듯 영원히

그저 멀리서 바라보는 것만으로도
삶은 아름다운 의미를 얻네
애틋한 아픔마저 기쁨이 되는
이 사랑을 가슴에 묻고 살리

들리지 않는 발자국

어둠이 내린 빈방에
작은 소리라도 기다렸네
그대 오는 길목에
마음의 귀만 열어둔 채

어스름 새벽안개처럼
다가온 그대
그저 눈 감고
아무것도 듣지 못했네

이제야 알아버린
그대의 발걸음 소리
놓쳐버린 시간의 조각들만
텅 빈 가슴에 남았네

4

나의 다짐 나의 길

먼 길

내 마음 가는 길은
한 걸음이면 닿을 듯한
창문 너머 그대 집
허나 그대에게 닿지 못하고
방 안에서만 맴도네

가장 먼 길은 우주 끝도 아니고
지도 밖 미지의 세계도 아닌
그대 마음의 문 앞에 선
나의 두 발
수많은 언어가 벽이 되어
차마 닿을 수 없네

결국 우리는
수평선 위의 두 배처럼
같은 바다 위를 떠다니면서도
서로 다른 길을 가네
서로 먼 마음
닿을 수 없는 영원의 거리

세상 제일 먼 길

세상 가장 먼 길은
지도에 없는 길이라네
누군가 그려 놓은 욕망의 끝을 좇아
나 아닌 것에 나를 채우려
마음의 창고를 비우고 헤매는 길

그 길 위에서 때로 환희에 젖고
때로는 견딜 수 없는 아픔에 신음했지
수많은 풍경을 가슴에 담았지만
정작 가장 가까이 있던
마음의 빛은 보지 못했네

그렇게 굽이굽이 돌아 마침내
덧씌워진 옷들을 벗어던지고
자신에게로 돌아오는 길
채워지지 않은 마음과 마음의
길이었네

가장 먼 길

가장 먼 길은 어쩌면 사람과 사람 사이
닿을 듯 닿지 않는 마음의 거리
말 한마디에 오해가 쌓이고
오랜 침묵에 서로가 낯설어지는
그 길 위에서 우리는
헤매다 돌아오기를 반복하지

가장 먼 길은 어쩌면 생각과 생각 사이
도무지 이해할 수 없는
차갑고 투명한 벽
나의 확신이 너의 의심 앞에서 무너지고
나의 진심이 너의 오해 속에서 길을 잃는
그 길 위에서 우리는
고독한 섬이 되어 떠돌지

그러나 결국 가장 가까운 길 또한
사람과 사람 사이 생각과 생각 사이임을 안다
서로의 길을 함께 걷다 보면
어느새 거리는 사라지고
마음과 마음이 하나 되는
진정한 시작을 맞이하게 되리

더 좋은 날이

아픔과 고단함이 외침으로 메아리쳐도
마음 깊이 피어나는 믿음 하나
더 좋은 날들이 반드시 오리라는
그 간절함으로 새날이 활짝 열렸네

붉게 타오르는 태양처럼
가슴 가득 뜨거운 열정 품고
소망하던 모든 일들
별처럼 반짝이며 이루어지길 바라네

더 큰 행운이 샘솟고
더 깊은 행복이 스며들며
더 뜨거운 열정으로 빛나기를
새해를 맞아 건강만큼은
늘 그대 곁에 머물기를 기원하네

아쉬움 낙엽에 새기고

낙엽 뒹구는 빈 가지에
세월은 흘러
그 자리 아쉬움만 그득히
가슴 한 켠에 걸려 있네

한 줄기 스미는 가을볕
창가에 머물고
고운 생각은 저문 하늘 닮아
붉게 물들어 내려앉네

그리움
짙게 채색된 마음
아련한 추억이 밀려오고
밤공기 스치는 옛사랑의 색깔
퇴색되어 아스라이 다가오네

깊은 향수 속에 젖어드는
못다 한 이야기들
가을바람에 실려 흔들리는
아쉬운 그림자만 남네

창가에 기대앉아

차가운 공기 스치는 바람에
왠지 모르게 마음이 일렁이네
투명한 하늘 바라보다
덧없이 흘러간 시간 떠올리며
쓸쓸히 너의 이름을 불러 본다

붉게 물든 단풍잎 하나
발치에 조용히 내려앉고
소리 없는 작별 인사를 건네듯
지난날의 추억들이
마음 한 켠에 파도처럼 밀려오네

창가에 기대어 앉아
따뜻한 커피 한 잔을 앞에 두고
가만히 너의 빈자리를 느껴
혼자 가을 길 걷는 듯
센티한 마음에 잠겨 본다

구름과 햇빛

시간은 비우고 살라 하네
바람은 흐르는 대로 흘러가라 하네
구름은 저만치서 따라오라 하네

세월은 나지막이 길을 가르쳐주네
우리는 욕심으로 가득 채워져
더 바랄 게 없다 말하곤 하네

길은 찾으려 않고
세상이 불공정하다 외치곤 하네
힘들다고 숨 가쁘다 하네
운이 없다 탓하곤 하네

구름 뒤에 숨은
환한 햇빛을 못 보듯이
고된 노동 뒤에 숨은
진정한 행복을 모르고 살고 있다 하네

푸른 그리움

뜨거운 여름
가슴에 켜켜이 쌓인 그리움
잠시 내려놓습니다

찬란한 아침 이슬
햇살 아래 스러지듯
어느덧 젊음은 저물고

바라보는 세상
하늘을 휘저으며 지나온 추억들이

그리움으로 물들어
다가올 시간 속에서
또 다른 세상을 꿈꾸어 봅니다

맹세한 씨앗

어둠 걷힌 새벽
새로운 날 숨 쉬면
가슴에 품은 뜻 작은 씨앗 하나
바람 불고 비 쏟아져도
흔들림 없는 뿌리처럼
지친 발걸음 멈추지 않는 건
가슴속 믿음 때문

흙 깊이 심어 둔 희망이
싹을 틔우고 줄기 뻗듯
흔들림 없는 믿음이야말로
꺾이지 않는 힘의 원동력
포기란 이름 모르는 채
오직 한 길 걸어갈 때
그 굳건한 믿음이
내일을 여는 빛이 되리

태양 아래 만물이 피어나듯
세운 뜻 굳건한 믿음으로
세상 향해 맹세한 씨앗
활짝 피어나리라

인공지능 시대에

무인차가 오가고 번역기가 말을 잇는
낯선 길목에 우리는 서 있네
외국어의 장벽 허물어지고
로봇이 감정 읽어 내어 사랑을 속삭일 때
삶의 모든 영역 인공지능의 손길 닿으니
예측 못할 미래 눈앞에 펼쳐지네

기계가 인간의 일을 대신하고
생각을 넘어 감정까지 헤아리는 날
전차 대신 드론이 전쟁을 치르고
인간이 만든 도구에 인간이 전멸할까
시대의 흐름 속에 나를 비춰 보니
작고 나약한 존재감 한없이 투영되네

하지만
차가운 효율 너머에도 온기는 있어
따뜻한 감정을 나누는 진실한 사랑
추억의 공간을 함께 공유하는
훈훈한 기쁨이 여전히 우리를 살게 하네
인생은 짧고 시간은 소중하니
매 순간 자신으로 온전히 살아가자

나의 다짐 나의 길

새해 아침이 오면
경건히 앉아
새로운 그림을 그려요
가장 먼저 쓰는 이름
'나'와의 소중한 약속

길을 만들어요 해마다 새로운 길을
가슴 가득 꿈을 품고
행복이라는 작은 불빛 따라
한 걸음 한 걸음 나아가죠

지난해도 그랬듯이
올해도 그리고 다가올 내년에도
현실이라는 캔버스 위에
계획이라는 물감을 섞어
믿음이라는 붓으로 칠해 나가요

나는 알고 있어요
나 스스로를 믿지 못하면
누구도 나를 믿어주지 않고
내 존재가 흐릿해진다는 것을

나의 빛깔 나의 색깔
나만의 향기 세상에 스며들 나의 이야기
그에 꼭 맞는 길을 정성껏 다듬어
분명히 도착할 거예요
새해 첫 다짐이 활짝 피어나는 그곳에

여백이 있는 삶

모든 것을 채우려 서두르지 않네
빼곡한 시간표에 삶을 가두지 않고
숨 막히는 욕망의 경주를 멈추고서
조금은 비워 두는 여백의 삶을 택하네

빈 공간이 주는 선물 고요
불어오는 바람의 속삭임을 듣고
무심코 지나치던 길가의 꽃을 보네
여백은 허전함이 아닌
진정한 행복이 피어나는 자리

부족함 속에 오히려 넉넉함을 배우고
조금은 내려놓는 용기 속에
잊었던 나의 모습을 다시 찾네
여백이 있는 삶
그 속에 진정한 자유가 있네

비 한 방울에

비가 내린다
묵은 고통 씻겨 내려가고
빗방울 하나에 슬픈 인연의 끈
가벼이 풀린다
수없이 세다 잊고 또 세다 잊는
지나온 아쉬움마저 말끔히 흘러간다

젖은 거리 위로 수많은 사연 뒹굴지만
오직 그대 향한 그리움만은
가슴에 머물러 별처럼 헤아려지고
비가 되어 끊임없이 흐른다

지친 마음을 위로하는 촉촉한 선율
앙상한 가지에 내려앉는 낭만적인 소리
비 한 방울의 사연이 아름다운 위로가 되어
고요히 가슴 깊은 곳을 채운다

오늘을 뜨겁게 노래하자

아침 햇살이 창문을 넘어온다
어제의 시름은 모두 잊고
새로운 축제의 시작이다
소박한 미소 하나를 가슴에 담고
오늘을 살아갈 이유를 찾는다

기쁨이 아니라
작은 손길을 내밀어 함께 나누고
서로의 눈동자에 비친 행복을 보며
서로의 삶에 박수가 되어
빛나는 별 하나 더한다

삶이 아무리 버겁다 해도
매일매일 축제처럼 살아간다
가진 것 없어도 마음은 늘 풍요로워
마주하는 모든 순간이 선물이니
서로 어깨 기대고
오늘도 뜨겁게 노래하자

바위 난초의 혼

축복이 나를 깨우고 행복이 문을 두드렸네
세상을 품은 듯 정성 어린 작품으로
찾아온 이 기쁨 무엇일까
무슨 일을 했기에 이토록 귀한 인연이 닿았을까
단순한 작품이 아니었으니
그 안에 담긴 정성과 사랑
정情이 한데 어우러진 참된 행복이었네

아 이런 기분이었구나
여백의 미 가득한 그 이름 '청수'여
영원한 생명으로 이어지는
나의 호號이자 필명筆名, '청수'
이 축복 깊이 가슴에 담고 벅찬 행복과 감사에
큰 기쁨과 더불어 대박의 염원까지
가슴속 깊이 새긴 뜻대로 오직 깨끗한 생각으로

강인한 바위 위에 기어이 피어난 난초처럼
당대 최고의 서예가 김용신 교수님의 작품에
정성스레 새겨진 세상에 단 하나뿐인 내 호號
심재성 국장님의 혼이 깃든 목각
그 고귀한 선물에 영원한 감사를

내일의 희망

차가운 어둠이 지친 하루를 덮고
가슴에 박힌 그림자만 깊어질 때
세상의 모든 소리가 잠든 듯
고요한 어둠이 세상을 감싸네
그 무게에 짓눌려 홀로 선 자리

그러나 보라 저 새벽의 끝에서
가장 먼저 피어나는 희미한 빛을
어둠을 뚫고 기어이 고개를 든
작은 희망의 속삭임이 들려오네
새로운 숨결로 세상을 깨우며

그 빛은 마침내 온몸으로 번져
굳게 얼어붙은 마음을 녹여내리
오늘의 아픔 위로 싹을 틔우고
밝은 태양 아래 찬란한 꽃을 피워
달콤한 내일의 열매를 맺으리라

새로운 설날

새해의 시작은 언제나 같지만
세배하던 꼬마들의 손은 이미 떠나고
명절 음식 대신 차례상 빈자리에
조용한 공기만 한 해를 더하네

북적이는 공항의 낯선 풍경이
오래된 고향 풍습보다 익숙해져
빨간 날은 그저 떠나는 날이 되었고
정情보다 빠른 시간이 더 소중해

익숙한 설날의 의미는 희미해져도
시간은 흐르고 나이는 또 한 살
새 시작은커녕 묵은 짐만 더해 가는
낡은 달력 위 오늘이 처연하네

어떤 색일까

어떤 색일까 내 세상은
무엇을 품었나 나의 꿈은
숱하게 쌓인 생각 무엇이었나

길이 없으면 만들고
길을 걷다 넘어지고 일어서
쉼 없이 걸어온 시간들 아니었나

꿈 잃은 자에게 내일은 없으니
저돌적인 걸음 끝없는 생각 지쳐가는가
힘이 빠져 가는가

열정은 지식을 앞서고
생각을 현실로
하얀 도화지 펼쳐 놓으니
나의 다짐 백지 위에 새긴다

괜찮아

당찬 발걸음으로 이 길을 걷고 있네
시련의 그림자 드리워 넘어질지라도
다시 일어설 굳건한 발걸음이니
괜찮아

숱한 밤을 헤치고 여기까지 왔으니
묵묵히 걸어가는 이 길 위에서
의미 있는 내일을 향해 나아가는 모습이니
괜찮아

넘어져 쌓인 모든 경험이 단단한 지혜가 되고
강한 의지로 품은 소망들이 있기에
이 길은 결코 꺾이지 않을 테니
괜찮아

혹시 그대일까

몰래 찾아온 햇살이
내 쉼터 공간을 두드려
따스한 온기로 스며들 때
마음은 다채롭게 물드네

바람 흔들림에
혹시 그대일까 설레어
밖을 내다보니
애틋한 그리움만
길가에 서성이는구나

그대 닮은 햇빛은
나무 끝에 아스라이 걸려 있고
그리운 마음은
방 안으로 발걸음을 들여놓네

그리운 이의 목소리
흐르는 바람결 따라
허허로운 마음은
세월을 붙잡아 세우네

그대였구려

행여 그대인가 했더니
성큼 봄이 와 있네

햇살에 꽃이 피었나 했더니
그댈 향한 마음에
꽃망울 터트렸네

봄의 싱그러움 그리워
하늘을 올려다보니
그대 미소 가슴으로 스며드네

계절 바람이 나를 들뜨게 하는 줄 알았더니
아니었네 그대 향기였네

들리는 듯 가느다랗게 다가오는 마음에
숨죽여 귀 기울이니
그대 얼굴 행복으로 피어나네

오늘도 그대를 향한 마음 그리며
살며시 마음의 창을 열어 둘게요

가을이 익어 가네

뜰에 숨어 자라는
호박에 가을이 내려앉고
한 줌 햇살에
밤송이들은 입을 벌린다

풍요로움에 물든 마음은
저절로 풍성해지고
사랑이 스며드는
가을은 그렇게 온다

마음의 창이 활짝 열려
풍성한 가을에
그렇게
시인이 되어 간다

가을 사랑

황금빛 햇살이 내리는 오후
잘 익은 사과처럼 달콤한 사랑이
가슴 가득 차오릅니다

높고 푸른 하늘 아래
바람이 읊조리는 시를 들으며
나도 모르게 시인이 됩니다

가을이 주는 풍요로움처럼
자연도 마음도 넉넉하여
그저 사랑하고 싶어라

자아 투자

기쁨의 씨앗을 뿌려
웃음꽃 피우니
가슴 가득 행복이로세

고난의 언덕 넘어
지혜의 샘물을 얻어
찬란한 축복이로세

나를 위한 투자가
성공의 열매로 맺히니
이것이 곧 최고의 인생이로세

재난 속 희망

폭설이 덮고 폭염이 쏟아지고
미세먼지가 숨 막히게 하고
코로나가 드리운 그림자 속에서
한 치 앞도 알 수 없는 세상
불안만이 가득한 날들

하지만 고개를 들면
잿빛 하늘 너머 빛이 있음을 안다
오늘이 최고의 날이라 믿으며
두려움 대신 긍정을 심는다
거친 비바람 속에서도
새싹은 기어이 움트고
잿더미 위에서도 희망은 춤춘다

우리의 마음이 곧 세상의 빛이니
모든 재난을 넘어
사랑과 감사로 채워진 하루하루
오늘을 살아가며
우리는 기어이 웃을 것이다
이것이 바로 우리가 만들어 갈
가장 아름다운 세상

기억의 향기

살아간다는 건
아름다운 흔적을 남기는 일
문득 뒤돌아봤을 때
쓸쓸하지 않은 기억 하나쯤
가슴 한 켠에 스미는 것

그대에게 나는
어떤 향기로 기억될까
짙은 커피처럼 깊은 위안일지
들꽃처럼 은은한 미소일지
바람처럼 스쳐 지나가는 순간일지

가을밤의 속삭임처럼
작은 온기라도 나눌 수 있다면
한때 그대 곁을 머물렀던
아름다운 기억으로
오래도록 기억되고 싶네

회상回想

써 놓은 글들
책장마다 바람 소리 스치네
오롯이 혼자만의 생각 믿고
걸어왔던 길

기술자의 삶
사우디 건설 현장의 땀방울
치열한 사업가의 번뇌
뜨거웠던 정치판의 숨결
시인의 고뇌와 꿈 그 모든 순간이
가슴속 깊이 새겨진 추억이여

그때 그 시절
아련한 추억 속에 쉬며
덧없이 흐르는 세월을 붙잡고 싶다

푸석한 삶의 굴곡진 장 넘기니
여전히 꿈꾸는 소년으로
생각을 채우고 있네

사랑과 인내로

한없는 그리움
가슴에 품고
따스한 햇살 아래
사랑으로 스며드는 하루

아련히 멀어지는 시간 속에
바라보는 세상은
끝없이 파아란 하늘을 휘저으며
인내로 영글어 가네

마음의 뜰 위로
피어나는 꽃들의 향기
아름다운 추억이
감사함으로 내려앉네

그리움은 사랑으로
시간은 인내로
추억은 감사로
마음에 평화를 채우네

오늘을 살아가는 이유

텅 빈 공간에 덩그러니 놓인 삶
왜 사느냐고 어떻게 살아가느냐고
묻지 마시게

사람 사는 일에 무슨 법칙이 있겠는가
비 오는 날이면 빗소리 들으며
막걸리 잔 기울이면 행복이지

삶에 무슨 공식이라도 있다던가
그냥 자연에 순응하며 사는 것이지

먹구름 걷히고 두둥실 한 조각 구름
바람 부는 대로 떠가고
여유로운 생각으로 채우면 되는 거지

삶이란 내가 가진 만큼 즐기며
남의 것 탐하지 아니하고 주는 만큼 만족하고

사랑하는 마음 하나 따뜻한 가슴으로
물 흐르듯 구름 가듯 그냥 그렇게
살아가면 되는 것이 아니겠는가

끝이 아닌 시작으로

꽃잎 하나 비에 지더라도
여름은 떠나지 않고
푸르름 더욱 짙어지듯

넘어져 잠시 휘청였을 뿐
인생은 멈추지 않고
새로운 길을 그려냅니다

세상에 쉬운 일 없어도
못할 일 또한 없음을
빗물 맺힌 잎에
우주를 담는 영롱한 시선으로

자연에 기대어
빗소리에 모든 상처 흘려보내고
새로운 숨을 쉬는
끝이 아닌 시작으로 세상을 담는다

길은 만들어 가는 거

단단한 터를 잡고
그 위에 길을 그린다
보이지 않던 길이
가슴 뛰는 열정으로 선명해지고
한 걸음 한 걸음
새로운 세상을 펼치는 지도가 된다

때론 흔들리고
때론 막막한 어둠이 덮쳐도
멈추지 않는 뚝심으로 걷는다
누가 대신 살아줄 수 없는 삶이기에
세상 가장 아름다운 풍경은
스스로 닦아온 길 끝에 피어나는
행복일 테니

생각이 현실이 될 꿈을 심는다
내일이 숨 쉬고 향기가 머무는 그곳
새로운 기획으로 맞이할 내일을 위해
오늘도 잠 못 이루는 밤
멋진 시작을 준비한다

바람의 안부

가을이 손짓하나 돌아서니 빈 가지뿐
초록의 잎새는 간곳없고
찬 바람만 가슴을 에이네
베갯머리에 기대어 저물어 가는 꿈을 좇다
어느새 흰 서리 앉은 머리칼
세월의 흔적을 말없이 더듬네

뜨겁던 마음도 낙엽처럼 바스러지고
붙잡으려 애써 봐도 가을은 이미 저만치
세월이 이리도 무심한가
텅 빈 공간에 허무가 스미고
한 발 물러서니 비로소 들리는 세상의 숨소리
한 발 낮추니 비로소 보이는 삶의 작은 진리

쉼 없는 발걸음 멈춘 곳
졸고 있는 햇살 깨우는 모기 한 마리
그 작은 존재마저도 삶의 한 조각이 되어 흐르네
이름 모를 꽃 내음에 이끌려
피고 지는 수를 헤아리다
흩어지는 향기에 가을은 멀어지고
바라보는 마음에 겨울 그림자 드리우네

신이시여

신이시여
어둠 헤치고 새벽이 오듯
우리는 또다시 새날을 맞이합니다
넘어진 자리 딛고 일어서듯
희망이란 씨앗 가슴에 심습니다

약하고 어리석다 해도
오늘을 사랑할 줄 아는 존재
미루지 않는 용기로
찰나의 행복을 움켜쥠에 감사합니다
인생은 살 만한 것이기에
이 땅 위에 머무는 이유를 찾습니다

쉼 없이 걸어온 길 위에서
집을 짓고 꿈을 키웠으니
이제는 잠시 멈춰 서서
바람에 시름을 털어 낼 시간
쓰러짐 속에서도 깨닫습니다
버리고 비우고 내려놓으니
오늘 이 순간이 더없이 소중합니다

신이시여
머리맡에 희망을 두고
새로운 길을 만들어갑니다
눈부신 아침을 맞이하는 기쁨
어디든 갈 수 있는 자유
무엇이든 맛볼 수 있는 축복에
작은 것에 감사하는 마음 가득 채웁니다

기댈 곳 없는 듯 보여도
영원한 세상의 품에 안겨
숨 쉬는 모든 순간에 감사하며
내일이 오는 확실함 속에
새로운 희망을 노래합니다

신이시여
신의 품 안에서
오늘도 행복을 담습니다

특별할 것 없는 하루

어제가 오늘이고
오늘이 내일이 된다면
새로운 날에 대한 걱정 없이
하루하루가 행복으로 쌓여 가리

누군가 찾아와
반가운 마음 전해주면
외롭지 않은 세상 속에서
그것만으로도 이미 기쁨이리

소소한 일에도 웃을 수 있는
작은 기쁨들 찾아오는 하루는
마음 가득 감사와 축복으로
더할 나위 없이 충만하리

인생에 특별한 무엇을 바랄까
이 순간의 평온함 소중한 만남
그리고 그 안에서 피어나는 미소
이것이 전부인 것을

그리움의 그림자

앙상한 가지 끝에
싸늘한 달빛이 걸려 있다
주인 잃은 듯 흐르는 시간
저물어가는 가을 홀로 선 마음

낙엽 위에 쌓이는 하루는
삶의 무게이고
텅 빈 여백에 채워지는 건
그리움 그대 향한 사랑이러니

오늘의 쓸쓸함과
깊어 가는 정취가
어쩌면 그대
바로 당신의 모습 아닐까

계절의 흐름에 공허함이 있는
공간에 채워지는 건
다시 만날 날을 기다리는
사무치는 그리움의 사랑

인생의 길

오늘의 이윤을 좇아
하루의 삶을 살아내는
간절함이 장사라면

내일의 가치를 세워
세상을 바꿔 나가는
치열함이 사업 아닐까

눈앞의 한 사람과 맞서는
피 튀기는 사투가
치열한 싸움이라면

시대의 흐름과 겨루는
목숨 건 투쟁이
냉혹한 전쟁이 아닐까

삶의 모든 순간이
작은 싸움이 모여 전쟁이 되고
장사를 통해 사업을 배우고
성장하는 법을 깨닫는 것이
인생의 길 아닐까

그대 향기로

해 길게 누운 들녘
양지에 기대어
지난 열정의 삶보다
더 많은 생각들이
추위에 떨고 있네

허기진 배 아려도
굶주린 희망
그대 향기로
빈 가슴 가득 채우나니

차가운 바람 속에도
희망의 불씨는
꺼지지 않아
뜨거운 마음속
사랑이 되어
영원히 타오르리

의리義理

시간이 흐른다 해도
어찌 은혜를 잊을 수 있겠는가
꽃잎이 흩날려 떨어진다 해도
뿌리는 결코 죽지 않으니

사람 사는 도리
그것이 바로 의리
어떤 길을 걷든
어떤 관계를 맺든
이 진실을 잊는다면
그것은
진정 사람다운 삶이 아님을

'신세와 은혜는 갚고 살자'
내 삶의 굳건한 좌우명이여
그대와 내가 함께
지켜 갈
세상 모든 인연의
아름다운 약속이기를

균열

그대란 생각 끌어안아
내 존재 그 안에 쌓았으니
이젠 죽도록 내가 미워라

언젠가 불어올 바람에
무너질 허상일 뿐인가
덧없이 사라질 꿈인가

그 화려한 가면 뒤에
숨겨진 수많은 한숨이
나를 숨 막히게 할 줄이야

거친 세상에 휩쓸려
자신조차 지탱 어려워
두렵네 그대를 놓아 버릴까

흔들리고 아픈 건
돈이 아닌 맹목적인 믿음에
무너진 못난 사람였으니

붉은 유혹, 찰나의 흔들림

여섯 월 빛 아래
가녀린 몸짓 하늘거려
붉디붉은 장미
눈부신 매혹으로 피어
아 계절의 화신인가
내 맘 흔드는 주인인가

꺾을까 망설이는 손길
나 아니면 이내 남이 탐할까
돌아서면 다시 못 올 길
시들어 사라질까 애태우네
주저앉은 발걸음

꽃잎의 붉은 물결에
온 마음 송두리째 빼앗기고
그윽한 향기에 취해
세상도 나도 함께 기우네
저릿한 아픔 속
오롯이 너에게 흔들린다

5

비워야 하는 것

내일의 노래

어둠의 장막을 찢고 솟아나는 태양은
누군가에겐 눈부신 희망이건만
다른 이에겐 시린 아픔으로 다가서네

희망이라 여겼던 빛은 이내 차가운 달이 되어
마음을 덧없이 할퀴고 가네

나뭇잎 하나 떨어진들
작은 새 한 마리 숨을 거둔들
세상은 아무 일 없듯 흘러가네

기쁨에 겨워 눈물 흘리고
슬픔에 겨워 통곡하는 삶
과연 더 많이 비워내고
더 깊이 내려놓을수록
진정 편안해질 수 있을까

세상에 길을 묻는다

꿈이 있기에 세상에 길을 묻습니다
하루 세 끼를 위해 헤매는 대신
없는 길을 맨발로 만들어 가는
내일의 의미를 예감하고 싶어
존재의 이유를 묻습니다

온몸으로 땀 흘려 걸어도
갈 곳이 보이지 않을 때
이 아픈 마음 누가 따스히 안아 줄까요
홀로 걷는 대신
나란히 발맞춰 걷고 싶습니다

누군가 앞서가며 길을 막는 세상은
결코 공정하다 말할 수 없으니
모두가 함께 나아갈 수 있도록
아름답고 풍요로운 길을
함께 만들어 가고 싶습니다

시인의 길

친구여
글과 언어에 생명을 심어
영원히 살아 숨 쉬는
희망의 글 쓰고 싶은 마음으로 글을 쓰네

한 줄 글이 삶의 등불 되어
인생의 목표 뚜렷해지고
한 편의 시가 절망을 넘어
희망으로
바른 심성을 심어 준다면
글은 영원히 살아 숨 쉬리라 믿네

'경험은 지식을 이긴다'는
지혜로운 교훈 삼아
경험의 흔적들이
타인의 가슴에 흘러 닿기를
간절한 마음을 담아보고 싶네

세월 따라 인생 흐르고
바람 따라 생각 허공에 흩어져
뜨거운 열정마저
세월 속으로 숨기 전
살아온 인생이 글이 되어
단 한 사람에게라도 도움이 된다면
그것이 진정한 행복 아닐까

친구여
소통으로 여는 세상
경험과 삶의 지식
귀한 글 되어
영원히 살아 숨 쉬는
그 길을 걸어 보고 싶네

축복의 인연으로

인연의 끈 닿은 그대
수많은 얼굴 스치는 세상 속
같은 곳 바라보니
이 만남이 곧 행복이네

함께하는 시간마다
그대에게 작은 힘 작은 위안 되고자
다른 욕심 다 접어두고
오늘보다 더 나은 내일이라네

천년 만에 피는 꽃처럼
삶이 다 하는 그날까지
그대에게 영원히 기억될 사람
이 마음 고스란히 간직하는
인연으로

나를 빚는 길

라면에 떡을 더하면 떡라면이 되고
떡에 콩을 얹으면 콩떡이라 부르듯
본디 있던 이름은 한 발 물러서고
무엇을 보태느냐에 따라 새 이름 얻나니

무엇으로 내 삶의 그릇 채울까
어떤 생각으로 머릿속 채울까
어찌 이 몸을 갈고닦을까
깊은 고민 속
홀로 밤을 지새우네

인연에서

어떤 이는 문 두드리고 사라지고
어떤 이는 잠시 머물다 떠났지요
어떤 이는 마음에 남아
영원한 주인으로 함께 살아가네요

정으로 소통하고 가슴으로 맺어진 인연들
우리는 이미 그렇게 맺어졌기에
슬픔과 기쁨을 나누며

변치 않는 마음으로
서로에게 쉼터이자 휴식처가 되어
누구는 오래도록 기억되는
인연의 그림자를 고요히 바라봅니다

활기찬 새날을 위해

권력의 잔에 취해 그림자놀이하던 날
창밖 세상 '못 살겠다'는 절규 가득했네
엉킨 갈등의 실타래 풀지 못한 채
여의도 작은 섬엔 바람마저 갇혔으니

내일의 정치는 스스로 가면 벗는 용기
모두의 숨결이 서로에게 닿는 마음
오직 한마음으로 길을 묻는 발걸음
역사에 부끄러운 오점 남기지 않으리

썩어 가는 작은 못 다투는 싸움 멈추고
거짓의 테두리 넘어 진실로 서는 무대
함께 손 맞잡고 내일을 향해
힘의 그림자 아닌 빛의 주인공이 되기를

내일의 꿈을 말할 수 있을까
슬픔이 내일의 희망 되는 날
새날에 힘 모아 함께 만들어 갈
역동의 대한민국이여 영원하라

가고 또 오는

함께해서 감사했고
마음 나누어 감사했고
따스한 관심에 감사했던
소중했던 한 해가 지고
소망의 새해가 떠오르네

모든 일이 선물 같았던
마무리의 오늘이
고요히 저물고 나면

새로운 이야기로 가득 채울
찬란한 365일이
우리 앞에 펼쳐졌네
하루하루가 소중해라
열정과 정성으로 맞이하리

비워야 하는 것

마음에 담아 둔 무거운 생각들
돌덩이처럼 짓누를 때
쌓인 앙금에 숨 쉬는 것조차 버거울 때
정성의 땀방울로 비워 내니
그제야 마음이 가벼워지고
행복이 차오르네

쥐려 하면 휘청이고
놓아주면 편해지는 마음에
억지로 쥔 미련마저 풀어놓는 용기가
나를 바로 세우는 것을
비로소 알게 되네

무無에서 유有로

모두 잠든 밤
레일 위 땀으로 새긴 새벽
불가능이라 속삭이던 메아리
그 위에 굳건히 쌓아 올린 사업

여덟 해
텅 빈 시간이 흐르고
다시 일어선 불굴의 의지
가슴에 품은 뜨거운 열정으로
새로운 길을 만들려 하네

험난한 세상
거친 역경 넘어 정치의 바다
우뚝 선 봉우리 무에서 유를 이룬 삶

이대로 쓰러져 넘어질 수 없기에
이제 또 다른 시작 앞에
마주하게 되네

마음의 항해

머리는 하늘을 날아라
구름 위로 펼쳐진 무한한 꿈
별빛 쏟아지는 밤하늘을 넘어
자유롭게 유영하는 상상

몸은 바람 따라 걸어라
이름 모를 길을 따라 걷는 발걸음
스쳐 지나가는 모든 풍경 속에
숨 쉬는 나의 오늘을 느끼며

생각은 세상을 움켜라
작은 돌멩이 하나부터
위대한 우주 만물의 이치까지
모든 것을 품으려 하는 탐구

머리와 몸과 생각이 하나 되어
세상이라는 바다를 항해하는
나의 삶 그 위대한 여정은
오늘도 멈추지 않고 계속된다

빗방울 눈물

밤비가 내려 창문을 닫았네
어둠 속 슬픔이 빗물 되어 흐르네
닫아버린 마음의 문틈으로 스며들어
한 방울 한 방울 가슴으로 떨어지네

눈물인지 빗물인지 분간 못할 만큼
쏟아지는 그리움이 온몸을 적시네
세상의 빗방울 수만큼 아픔이 번져
홀로 젖어 가는 고독의 시간이네

번개는 섬광으로 마음을 찢고
천둥은 울음으로 가슴을 후려치네
두려움과 슬픔이 뒤섞인 먹구름
먹먹한 아픔이 폭풍처럼 몰아치네

세상의 모든 빗방울이 내게로 와
멈추지 않는 눈물로 온몸을 적시네
텅 빈 가슴에 메아리치는 외로움
나 홀로 이 비를 다 맞아야 하네

비가 온다

비가 온다
할 일은 쌓여 있고
마음은 바삐 달리는데
창밖의 빗방울은 잠시 멈추라 하네

비가 온다
세상 모든 소리 잦아들고
오직 빗소리만 가득한 밤
잊고 지냈던 내 마음의 소리에
귀 기울이라 속삭이네

비가 온다
젖은 길 위로 걸음은 더뎌지지만
무거웠던 생각들 물방울처럼
씻겨 내려가네

비가 온다
오늘 하루쯤은 괜찮다고
잠시 쉬어 가도 좋다고
토닥이는 너의 목소리에
나는 비로소 편안해지네

하나 되어

삶이 버거워 눈물 흐를 때
울어도 괜찮아
무거운 짐 내려놓고
쉬어가도 괜찮아

초라하게 느껴지는 밤이 오면
가슴에 꽃밭을 만들자
어둠 속에서도 피어나는
희망을 심어 놓자

손에 손 맞잡고 걸어가자
밝은 내일로
가슴 가득 꽃향기 품고
하나 되어
힘차게 걸어가자

주는 마음

오월 생명의 춤사위 속에
활짝 웃음꽃 피어난 아름다운 뜨락에
고즈넉이 스며듭니다

굳이 약속하지 않아도
운명처럼 닿은 인연들이
정겨운 울타리 안 소담히 꽃 피웁니다

저마다의 빛깔로 피어난
수많은 꽃과 나무들
작은 뜰 가득히 싱그러운 숨결을 나눕니다

매일 새롭게 채워지는 행복은
시간마저 멈춰 서고 햇살 머물다 가는
바람조차 쉬어가는 그곳의 주인공이 됩니다

버거운 삶의 짐일지라도
땀 흘려 일구는 그 모습들이
서로에게 깊은 위로가 됩니다

숨어 오는 사랑

그대 그리운 날
따뜻한 햇살 쏟아지고
그대 보고픈 날
꽃의 향기로 다가오네

시간은 생명의 힘으로 떠나고
아쉬운 마음이
그리움으로 남아

달빛에 비친
순백의 목련에 마음 뺏긴 사랑
이 밤을 지키고 있으니
난들 어쩌겠소

어느 길로 가든

쉬운 길 험한 길
어느 길로 향해도
닿을 곳은 한 곳

숨 가쁜 걸음 잠시 멈추고
주위의 풍경을 둘러보라
길가에 핀 꽃은
그대를 기다린다

바람의 속삭임에 귀 기울이며
느리게 때로는 멈춰 서서
온전히 오늘을 누리며 가라

흐르는 시간대로

애쓰지 마 무얼 하려
그저 바람처럼
순리 따라 길을 따라 가자

애써 지우려 마
떠오르면 떠오르는 대로
나쁜 기억도 흐르는 과거이니

슬픔을 감추려 하지 마
아픔이 상처로 남아도
그 또한 삶의 한 조각 즐겨 보자

하고픈 일엔 주저 마
더 품고 가면 후회만 남으니
모두 불태우자

다만
신세와 고마움
은혜는 잊지 말고
자신 또한 잊지 말자
흐르는 시간에 맡기자

떠나자, 어디든

떠나자 어디든
지쳐 행복에 쓰러질 때까지
찾아보자 지친 마음 내려놓을 곳

산 높으면 마음 높고
바람 시원하면 가슴 시원하리
말 다르고 환경 달라도 어떠랴

향기에 취하고
사람 정에 취하고
자연에 취해 모두 내려놓자

아프고 힘없어
설렘 가득한 가슴 어두워지기 전
길 잃어 서글퍼지기 전 지금 떠나자

새로운 세상에 던져
마음껏 웃어 보자
향기로운 웃음으로
넉넉한 마음으로 품어 보자

마음의 그림자

그대 나무 그림자처럼
그대로의 모습으로 서 있네
행복한 사람에게
행복 그림자 드리우듯
허상 아닌 진실한 삶을 살아가네

향기로운 사람 곁에 머물면
그 향기가 스며들고
좋은 인연과 소통하는 것
이것이 진정한 축복 아니던가

미래를 엮어 가는 오늘
미소와 맑은 영혼으로
사랑과 믿음 행복을 담아
향기로운
긴 그림자 남기고 싶네

걷다 보니

어느덧 여기까지 왔네
뒤돌아보니 아득한 길
넘어지고 일어서며
새겨진 발자국들

앞으로 길
아직 남은 시간이 있네
두려움보다 설렘으로
다시 한 발 내딛자

후회 없이 걸으리
사랑하며 용서하며
가슴 뛰는 오늘을 살며
내일을 향해 나아가리

덧없이 흐르는 것

생각은 물결처럼 변하고
시간은 강물처럼 잡히지 않아
모든 것이 흘러 떠나간다

우린 늘 옛것을 잊고
새로운 것에 도전하며 하루를 채운다

부모님 사랑 깨달으면 이미 떠나고
첫사랑은 아쉬움 속에 이별하며
이기심을 알 땐 주위는 텅 비고 백발만 남는다

가까이 있을 땐 그 소중함을 모르지
영원할 것 같던 모든 것이
시간과 세월 따라 흘러간다

그리움과 아쉬움 속에 잊히고
가장 행복했던 순간들을
손가락으로 헤아려 본다

적응하는 게 생명

오늘을 사는 생명
하얀 눈 위 발자국처럼
하얀 종이 위 마음을 놓네

추운 벌판 언 땅에서도
푸르게 돋아난 보리
바람과 다투지 않고
흔들리며 속삭이네

겨울에 따스한 햇살에 기대어
바람 속에 생명 키워가네

험한 길이라 해도
뿌리로 버티는 생명처럼
살아가는 존재여

겨울이 가듯
어려움은 이미 사라지고
오늘에 적응하며
생명을 잇는 이 순간만이
오롯이 존재하네

흐르는 시간

잘 가란 말도 못 건네고
가을은 추위에 젖어 흐르네
의미 새긴 날 없던 낙엽이라면
아쉬움에 맘만 적시었으리라

가을은 겨울에게 자리 내주며
허무히 부서지는 시간들
내 빛깔이 주인공 아님을 일깨우네

초라하게 떠도는 시간
가고 또 오겠지
그땐 자연에 취한 빛깔로
비워진 공간 채워
무지갯빛 사랑이
낙엽을 더욱 붉게 물들이리라

머무는 곳이 고향

충주호 깊은 산골
계곡물 소리 이 몸 누이니
시름 잊은 마음
안식처 여기 있네

양지바른 언덕배기
산자락 바람 따스이 감돌고
토끼와 산새들
벗 삼자 속삭이네

멀리 맑은 호수
마음 비추고
잔잔한 수면 위 태양빛
호수를 감싸 안듯 노니네

모든 것을 내려놓으니
이곳이 바로 나의 고향
신선이 따로 없는 시간
여기 머무네

시간을 놓아주렴

산허리 감아 돈 바람
강가에 내려앉아 숨 고르네
물안개 피워 올리니
아침이 열리고 잠든 산 깨어나네

이내 햇살 고개 내밀어
강물에 푸른 물감 풀 듯 번지니
옆 산도 덩달아
풍덩 물속에 뛰어들어 노니네

욕심도 미움도
이 터에 텅 비우니
코끝 스치는 무거운 바람이
내게 속삭이네
시간을 놓아주렴

늦여름 연가

더위에 지쳤던 긴 여름도
아쉬움 가득한 매미 소리만 남긴 채
푸르렀던 잎사귀 위로
점점 옅어지는 햇살을 담네

높은 하늘에선 잠자리가 춤을 추고
익어 가는 들판엔 황금빛 물결이 일렁이네
그리움 묻어나는 바람은
여름날의 추억을 싣고 어디론가 향하네

한 줌 햇살은 소리 없이 내려앉아
무르익은 과일에 달콤함을 더하고
고개 숙인 벼 이삭은
풍요로운 가을을 노래하네

이제 뜨거웠던 기억은 잠시 접어 두고
새로운 계절을 맞이할 시간
선선한 바람과 함께
가을의 문을 조용히 열어 보네

시간의 자리

그렇게 아프던 사랑도
마음 저리도록 한 그 사람도
시간이란 비에 씻겨
희미한 기억 속에 잠든다

그토록 깊던 인연의 끈도
영원할 줄 알았던 맹세도
계절이 바뀌는 바람에 실려
흔적 없이 흩어지고 만다

하지만 텅 빈 그 자리에
또 다른 인연이 꽃을 피우네
그 아픔과 행복 모두
새로운 사람을 통해 되살아난다

상처를 주었던 것도 사람이었지만
그 상처를 보듬어 주는 이 또한 사람이라
그렇게 우리는 또다시
사랑하고 아파하고 행복하며 살아간다

서성이는 삶

어디쯤 와 있고
어디까지 가야 하는가
무엇으로 채워야 하는가
원했던 삶을 살아왔을까

이 자리에 주인 아닌 나그네로 서성인다
허허로운 길 온 정성 다했건만
아직 과거를 붙잡고 있는가

생각을 거듭해도 시간은
과거에도 지금도 채워지지 않는 울타리뿐
길을 만들어 남은 건 상처이고
투박한 손매듭뿐이다

그냥 편하게 놓아
그 어떤 것도 아닌 오직 자신을 위한 여정
너도 우리도 아닌 먼 훗날
자신만을 위한 자신을 위해

하얀 그리움

창문 틈으로 스며든 차가운 바람이
아침을 조용히 흔들어 깨우니
세상은 온통 새하얀 첫눈으로 덮여 있네

갈 곳 잃고 방황하는
이 마음
무엇으로 채워야 할까

문득 가슴 깊이 간직했던 오래된 추억 하나
"첫눈 오는 날 만나자"라던 그 약속
그때의 순수한 소녀를 떠올려 보네

하염없이 흩날리는 눈발을 바라보며
내 마음도 하얀 눈 속에 잠겨 드네
세상의 모든 것을 감싸안듯

그 시절의 사랑은
아프지 않아도 눈물이 흐르던
그 찬란했던 행복을 따라
지금 이 순간 아득히 흘러가려 하네

그리운 그대

바람이 불어오면
누군가 오려나
설렘 가득한 마음
활짝 열어 놓네

바람이 불어오면
나를 찾는 이 있을까
정겹게 쭉 길을
하염없이 바라보네

바람이 불어오면
혹여 그리운 그대가
사연 보냈을까
귀 기울여 보네

바람 불면
가슴에 품었던 사연
고스란히 담아
그대에게 보내고 싶네

세월은 그렇게

눈빛 머무는 곳에
인연이 있고
마음 머무는 곳에
사랑이 있다

내리쬐는 태양 빛엔
뜨거운 여름이
불어오는 바람엔
시원함이 머문다

마음에 담으면 일상
몸으로 행동하면 현실이 된다

오늘도 세월 베고 누워
하늘을 덮고 그리움으로
자연을 색칠해 본다

행복하고
즐거웠노라
기쁘게 세상을
가슴에 담아 본다

오늘도 꿈을 찾아

어둠이 내리면
숨 막히는 현실 속에서
어디로 가야 할지
방황하는 마음

잡으려 해도
잡히지 않는 꿈
손 틈 사이로
빠져나가는 시간들

답답한 가슴을
시원하게 해 줄
한 줄기 바람을 찾아
오늘도 걷네

고된 마음을 이끌고

낯선 이 길 위 무작정 발을 떼니
이마 위 송골송골 흐르는 땀이
지난날의 설움인 양
두 눈을 가린다

낯선 길 위에서 가쁜 숨을 몰아쉰다
뒤돌아볼 틈도 없이
앞만 보며 걸어온 내게는 없었던 길
넘어지고 부딪히며
온몸으로 겪어 내야 할 길을

늦지 않았다는 굳건한 마음 하나로
가슴 가득 불어오는 바람
시원하게 맞으며 낯선 풍경을 바라본다
나만의 길을 내기 위해
다시 힘찬 발을 내딛는다

세월에 무엇을 채워볼까

욕망으로 세상을 채울까
사랑으로 핑크빛 물들일까
행복으로 웃음 가득 담을까

가지 못할 길보다
주어진 길 위에
가진 것으로 아름답게
포장하는 것 어떨까

때론 혼자이고 싶다
길에 포장할 것 보이지 않을 때
쉬어 보는 것도 필요해
길 위에
하루쯤 쉬어 가면 어떨까

찾아 드는 사랑

세월을 베개 삼아 누워
하늘을 이불로 덮네
구름 따라 흐르는 마음으로
하루를 열어 본다

거미줄 물방울은
햇빛에 영롱히 빛나 하루를 만드네
고운 정 그리움이
가슴으로 떨어진다

못 잊는 마음
잠들면 잊힐까
떠나면 버려질까
한 줄기 바람으로 달래 볼까

오랜 시간 사무쳐
허공에 떠돌며
아이 되어 울어 본다
바람 따라 울어 본다
다 이루지 못한 하루
가슴은 달빛 따라 흘러간다

기억에 남는 사람으로

너무 많은 것을 놓고 오니
섭섭함이 남습니다
정도 놓고 마음도 놓고
아쉬움도 놓고 갑니다

다 담지 못한 길
소중한 생각으로 남겨 두고
여백에는 좋은 인연을 써 놓겠습니다

간다고 모든 걸 잊는 건 아닙니다
어디엔가는
향기 남아 있겠지요

다른 세상에서 소중했던 시간
이제는 추억으로 흘러갑니다

행복만 기억하고
아름다움만 남겨 두세요
언젠가 다시
달려갈 그 길을 위해서

사색의 하루

하늘 품고 바람 들으니
별 보던 동심 돌아온 밤
평상에 누워 시간 잊으니
지금이 천국이다

파도 소리 익어 가고
문명 벗어난 시간
어둠 짙어도
바람 잡고 별 보며
포도주 한 잔
이곳이 사랑의 낙원

무엇을 버리고 채울까
어떤 모양으로 살까
내일은 또 어디에서
삶의 목마름을 채울까

미약한 씨앗

나조차 나를 믿지 못해
자꾸만 움츠러드는 날에도
나를 믿는 너의 따뜻한 눈빛이
시린 가슴에 스며들어
마르지 않는 희망의 씨앗을 품게 해

이 미약한 씨앗이 싹 틔워
누군가의 마음에 가닿을 때
나는 비로소 알게 될 거야
우리는 서로의 빛으로
서로를 일으켜 세우는 존재라는 것을

나도 너에게 그런 존재가 될 수 있을까
나의 작은 글 한 줄이
너에게 닿아 공감이 되고
시린 가슴을 감싸 주는
희망의 노래가 될 수 있을까

바람과 구름과 놀자

흘러가는 구름
한낮의 게으른 꿈처럼
하염없이 떠다니네

지나가는 바람을 붙잡아
매미 소리 잠시 쉬는
느티나무 그늘 아래

따가운 볕 피해
낮잠 드는 풀벌레
나른한 숨결 고르네

이 여름 잠시 멈춘 시간
모든 시름 잊고
바람과 구름과 노닐자

6

모래에 묻힌 청춘

길을 찾는 봄

어둠 깊어도 봄은 숨 쉬고
생명, 기어이 꽃 피우네
내려놓은
안식처서 행복 숨 쉬고
세상 고요히 품어 보네

창가에 앉아
불빛만 희미한 밤
달빛은 백목련 훔치고

뜨거운 열정 시간 녹여
이 밤 사랑 심으니
봄은 깊어가고
흩어진 생각은 봄길을 찾네

나에게로 가는 여행

계획한 일 년
오직 나를 위해 살아 본다

섭섭함 삼키고 숨 몰아쉬던 시간
잠 줄여 일했던 날들
국내외 누빈 열정
죽음 문턱 넘었던 아찔한 삶까지
지나간 시절 추억으로 넘겨 본다
시계에 나를 맞춰 놓고
싫으면 안 하고
마음 가는 대로 떠나네
세상을 내 생각대로 재단하고

자연과 역사의 현장에 나를 세워 둔다
길도 비행기도 자연도
모두 나를 위해 꾸며진 세상
얼마나 큰 축복인가
어찌 내가 황제가 아닌가
내 생각 속 세상으로 떠난다
무엇이 기다릴지 무엇을 볼지
모두 내가 결정하는 것

대마도 슬픈 흔적

대마도
제정신으로 살 수 없어 찾았다는
슬픈 사연의 조선 마지막 공주 덕혜 옹주
그 애처로운 이야기는
흔적 희미하고
길거리엔 일본 차 소음만 질주하네
붉은 동백꽃과 이름 모를 꽃망울만
봄을 재촉하듯 피어 있구나

한恨의 삶의
지나 버린 시간 속으로 숨어들어
살아 있는 천년의 삼나무 되어
흔적으로 커 가고
아픈 역사는 섬 바람 따라 흐르고 있구나

그때 그 햇빛이나
지금의 바람이 다르지 않을진대
제정신으로 살 수 없어 지쳐 쓰러진 몸만
고국으로 돌아온 자리
파도만 넘실대고 발걸음에 한이 서리는구나

떠나요 뒤돌아보지 말고
아무것도 묻고 싶지 않아요
꺼지지 않는 혼 조선의 희생물
역사의 땅
심장 터지지 못해 정신 놓아 버린
조선 마지막 공주의 굴욕과
엄마 원망하며 자살로 끝난 딸의 사연도
한 여자로 이루지 못한 사랑도
언젠가는 찾아와 영원히 숨 쉬는
우리의 역사가 되리라

그때까지 풀 한 포기
돌 하나 자리 지키고
천년을 살아온 삼나무는 자라고 있으리라

세상의 봄은 오는가

따스한 햇볕이
생각의 옷을 벗기고
살랑이는 바람은
생명을 깨워 기지개 켜는데

하늘은 미세먼지 감싸
숨조차 쉴 수 없고
길거리 데모 함성 넘쳐 나니
나라가 시끄럽다

유리창을 닦아도
봄은 보이지 않고
답답한 가슴에 눈을 감는다

나라님이 해결한다 했는데
언제쯤 봄을 찾을 수 있을까

그래도 시간은 가고
여기저기 한숨 소리에도
개나리는 깨어나 봉오리를 맺는다

모래에 묻힌 청춘

붉은 태양 아래 타는 듯한 바람 낯선 풍습의 땅
아스팔트에 던져진 계란 익어 버리는 더위
죽음의 모래바람이 휘몰아치는 곳

그 뜨거운 지옥 같던 나날에도
대한민국 국기만 보이면
가슴 저 밑에서 울컥 치솟던 눈물
'산업 역군'이라는 이름이
무겁게 박힌 어깨를 들썩이게 했지

건설 현장의 비릿한 땀방울
모래 위에 세워진 무에서 유를 창조한 열정

청춘의 한복판을 기꺼이 던져
고난과 맞서 싸웠던 그 시절
몸은 고단해도 마음만은 뜨거운 불꽃으로
결코 사그라지지 않았네

이제는 아득한 기억 속
한 줄기 신기루처럼 멀어진 그 사막의 청춘
모래 위에 새겨진 발자국이여

기술자의 양심

공학도 기술자는
거짓으로 세상을 포장하지 않는다
교량 아래
보이지 않는 균열 하나에도
도시를 무너뜨릴
거대한 재해가 되기에

기술자는
감언甘言으로 세상을 흔들지 않는다
달콤한 말보다
차가운 수치數値와 현실에 귀 기울이며
묵묵히
진실을 쌓아 올린다

그들의 양심은
밤샘 도면 위에 피어나는 고뇌이고
수많은 시행착오 속에서
다져지는 신뢰이다

원칙이 바로 서 있는 것 그것이 바로
기술자의 존재 이유이다

피고 지는 세월

꽃잎은 붉게 물들고
새소리 정겹게 들리더니
어느덧 서리 내린 가지에
앙상한 바람만 맴도네
가는 게 어찌 세월뿐이랴
청춘도 함께 떠나는데

파란 하늘 아래 뜨겁던
젊은 날의 꿈들은
가슴속에 묻어 둔 채
희미한 기억으로 남고
지는 게 어찌 꽃잎뿐이랴
사랑도 그렇게 잊혀 가는데

지나온 길 돌아보니
아쉬움과 그리움만
겹겹이 쌓여 있는데
그래도 괜찮아
피고 지는 게 어디 꽃뿐이랴
새로운 계절은 오고
인생도 그렇게 흘러가는 것을

며느리, 그대는 천사

어두운 마음에 드리운
찬바람 같던 날
따스한 분홍 햇살 타고
한 줄기 바람으로 왔네

딸 없는 허전한 마음에
고운 빛깔로 피어난 꽃

이제 우리 집은
환한 웃음과
사랑으로 가득 차
맑고 밝은 푸른 정원을 꾸렸네

며느리, 그대는
고마운 딸이어라

우리의 내일은 희망으로

밤하늘을 수놓은 별들이
어둠 속에서도 길을 밝혀 주네
작은 반짝임이 모여
세상 가장 아름다운 빛을 만들어 내듯
모두의 희망도 그렇게 빛나리

차가운 바람이 불어와도
앙상한 가지 끝에 매달린
새로운 싹을 바라보며
언젠가 활짝 피어날 꽃을 꿈꾸네
새로운 시작은 늘 따뜻하리

힘겹게 흐르는 강물도
절벽을 만나 돌아가지 않고
결국 넓은 바다를 향해 나아가듯
멈추지 않는 용기와 열정으로
우리의 내일은 더 넓게 펼쳐지리

아들 그림자에 행복이

묵묵히 앞서 걷는 너의 뒷모습
벌어진 어깨는 나를 훌쩍 넘었고
내 품에 가득 안기던 작고 뜨거운 몸이
이제는 세상을 향해 뚜벅뚜벅 걸어가네

네 그림자를 조용히 좇으며
내 젊은 날의 꿈들이
네 걸음마다 환하게 피어나는 것을 본다
네 손을 놓은 지는 오래되었지만
나는 여전히 너의 든든한 바람막이가
되고 싶다

뒤에서 너의 그림자를 보며
혼자 뿌듯한 미소를 짓는 이 마음이
세상 어떤 보석보다 값진 보람이고
가장 찬란한 행복임을
이제야 깨닫네

곧은 아버지

아버지의 마을 어귀
지나가는 발걸음 멈춰 세워
따뜻한 술잔과 넉넉한 밥상 내어 주시던 분

정직하고 곧은 성품으로
다툼 있는 곳엔 시시비비 가려 주시고
부정한 자 앞에서는 기꺼이 맞서 싸우셨네

그 넓은 재산 사기로 잃고
어머니께 깊은 고통 남기셨어도
자식에겐 효도할 기회마저 허락잖고
군 제대 후 방황하던 그때 홀연히 떠나셨지
지금도 가슴 저미는 그리움으로 남은 나의 아버지

항상 하시던 말
신우대 밭에선 신우대만이 곧게 솟고
왕대밭에선 왕대만이 드높게 자라듯
당신은 언제나 진실과 기개를 지키며
한 점 흐트러짐 없는 선비의 모습이었네
그 곧은 가르침
내 가슴에 영원히 새겨져 있네

이 가을 누구에게

이 깊은 가을을 품에 안고
어느 얼굴과 함께 바라볼까

사랑으로 물든 고운 하늘
그 찬란한 빛깔을 누구와 함께 펼쳐 볼까

송골송골 맺힌 이슬 잘 익은 과일 한 알
누구와 정겹게 나누어 볼까

홀로 저물어 가는 가을의 길목에서
아름다움이 글이 되어
어떤 이의 마음을 찾아갈 수 있을까

허수아비 곁을 스쳐 가는 바람
가슴 저미는 시린 아픔을 느끼며

지쳐 고요히 빛나는 차가운 달빛이
지난 추억을 가만히 보듬어
시간에 묻힌 그 길을
어디로 이끌어 줄까

또 다른 오늘

오늘
이 아름다운 하늘 아래
가을을 볼 수 있어 좋구나

어제는 이미 지나가
아스라이 잊혔으니
내일을 염려하기보다
오직 오늘 행복하리라

오늘이 즐거워야
추억 또한 아름답게 물들고
그리움이 아련히 남으며
행복 또한 스며들기에
오직 오늘의 아름다움만을 담으리

푸른 하늘 아래
풍요로운 가을을 보며
즐겁게 땀 흘리다 보면
어느새 내일이 다가오겠지
그때가 되면 그 내일 또한
또 다른 오늘이 되겠구나

늦여름

매미가 저리도 서글피 우는 건
뜨겁게 피어났던 한 시절을
다 놓지 못하는 아쉬움인 듯하여

저무는 여름의 붉은 노을이
내게도 못다 이룬 꿈들을
하나둘 꺼내 보이는 듯하여

매미의 마지막 울음처럼
나의 못다 한 이야기도
저리 아련하게 맴도는구나

그렇게 사는 게 좋지

시간은 흐르고 계절은 변해 추억만 쌓이네

흥미롭던 일도 시시해지고
아름답던 가을마저 낙엽만 보여 슬퍼지네

열정 잃고 일상도 시들해지는 건
나이 탓일까 세월 탓일까

그저 따스한 햇빛 하루 좋고
멀리보다 가까운 벗과
막걸릿잔 기울임이 좋으니
더 바랄 게 무엇이랴

추억이 아름답고 옛날이 그리운 건
잘 살아왔다는 증거
남은 삶 웃으며 더불어 즐기세

가을 가면 겨울 오고 봄 오듯
우리가 가면 다른 생명 채워지니
걱정 없이 주어진 삶대로 살다 가세

땀으로 올린 젊음의 탑

그때는 잊을 수 없는 첫발
국제사옥빌딩 신축공사 현장
그 위용 앞에 초짜 전기기사로 섰네
벅찬 자부심과 긍지로
젊음을 쏟아부었지

뜨거운 태양 아래 수많은 전선을 깔고
밤늦도록 설계도를 파고들며
오직 준공만을 꿈꿨네
그렇게 한 땀 한 땀 땀으로 지은
탑은 마침내 하늘로 솟아올랐지

그 젊음의 열정 멈출 수 없었네
최고의 기술자라는 이름 아래
수많은 현장을 누비고 또 누비며
길을 개척해 나갔네
어느덧 최연소 현장소장이라는
영광의 자리에 서기까지

낮에는 현장의 먼지 속에서
밤에는 꿈속에서도 전선을 만졌네
전선 굵기를 손끝으로 익히며
잠결에도 기술을 탐했지

기술자로서 갖춰야 할 모든 것
나는 한 치의 망설임도 없었고
그 길 외에는
다른 대안이 없었던
치열했던 나의 시절이여

명사 특강, 모교에서

오랜만에 찾은 모교 그 낯선 익숙함
진로를 묻는 학생들 눈빛 속에
꿈이란 단어도 희미했던
나의 어렴풋한 그때가 서성인다

정답 없는 질문들 앞에서
애써 꾸미지 않은 이야기들을 풀었다
넘어지고 헤맸던 날들
작은 씨앗 하나 심듯 조심스러웠던 걸음들

그 모든 순간을 관통했던 좌우명:
"머리에 희망을 심으면 희망이 싹트고,
절망을 심으면 절망이 싹튼다."
강조하고 또 강조했던 그 말이
학생들의 가슴에도 깊이 박히길 바라면서

혹여 내 이야기가 작은 씨앗이 되어
누군가의 마음에 가만히 내려앉을까
그 눈빛들 속에서 문득 잊고 지냈던 추억을 본다

강단을 나서는 발걸음
오랜 시간 잊고 있던 나를 조용히 배웅한다
잘 살아왔구나
그 한마디 고요한 반짝임이 가슴을 가득 채운다

- 모교에서 진로 탐색을 위한 명사 초청 강의를 마치고

믿음이라 부르는 허상

현란한 말에 속아 마음을 열었더니
등 뒤에선 비수가 꽂히고
남는 건 온몸을 찌르는 가시뿐이네

믿음이라 부르던 허상 속에서
가시 돋친 상처만 깊어져
결국 마음마저 병들게 되네

이제 멈춰서서 진실을 비추는
등불 하나 밝혀 들고
다시 걷고 다시 세상과 마주하네

결단의 이름으로

안정의 울타리 넘어 치열한 발걸음 내디뎌
직장인의 넥타이 풀고 사업가의 거친 세상으로

맨손으로 일군 회사
땀과 열정으로 쌓아 올린 탑
더 높은 부름 외면 못 해
정치의 벌판에 홀로 서니
결국 시민의 뜻으로 당선된 시의원
지역 사회 발전을 위해 열정을 쏟았지
그 모든 빛나는 시간을 지나
이제는 또 다른 언어로
글에 생명을 심는 시인으로
한 글자 한 글자에 영혼을 담네

매 순간 결단의 칼을 빼 들고
저돌적으로 부딪혀 넘어선 삶의 봉우리들
모든 순간이 행복이었지

그러나 멈추지 않는 가슴
오늘도 저 멀리 새로운 꿈의 지평선 바라보며
다시금 또다시 꿈꾸는 세상으로 향한다

우뚝 선 영광

우뚝 섰다는 것은 단순한 운이 아니었음을
이른 새벽에서 늦은 밤을 지샌
부지런함의 땀방울이었음을

남들이 걷던 길을 벗어나
아무도 보지 못한 저 너머를
먼저 꿈꾸고 먼저 설계한
앞선 생각의 용기였음을

때론 험난한 파도를 만나도
좌절 대신 굳건한 신념으로
수많은 마음을 움직여
함께 나아가게 한 설득의 지식이었음을

무엇이든 평범함에 머무르지 않고
남보다 한발 앞서 나아간
그 치열한 발자취였음을

그러하기에 높은 자리에 오른 사람
풍요를 이룬 사람의 성취는
마땅히 빛나고 인정받아야 한다

그들의 성공은
단지 개인의 영광을 넘어 세상에 던지는
묵직한 질문이자 우리 모두에게 주는
뜨거운 영감이므로

철길 위에서 피어난 삶

모두 잠든 고요한 시간
대한민국의 심장 고속전철을 위해
어둠 속을 걸었네
전기 기술자의 손끝에서
수많은 선이 생명을 얻고
복잡한 회로 위로 정확과 안전이 흘렀지

열차가 멈춘 한밤중
차가운 철길 위에서만 허락된 무대
밤하늘의 별들이 증인이 되어 땀방울을 비췄고
고된 작업복은 새벽이슬에 젖어들었네

그 힘든 시간들이 쌓여
단단한 주춧돌이 되었으니
지금 이 자리 선 이곳은
어제의 헌신이 빚어낸 결실
철길 위에서 보낸 젊음은
오늘을 세운 자랑스러운 이력

달려가는 고속전철처럼
삶도 쉼 없이 흘러왔네
그 길 위에서 배운 인내와 끈기
보이지 않는 곳에서 빛나는 가치
고요히 흐르는 철길의 전설처럼
인생도 그렇게 묵묵히 빛나고 있음을

100년 만의 폭설

백 년 만에 덮친 하얀 재앙
차가운 눈발 속에 심장은 얼었고
무서운 재앙으로
터전의 비닐하우스도 꿈도 무너져 내렸지
품었던 푸른 내일이
차가운 눈더미 아래 꺾이는 소리
마음까지 와르르 함께 무너져 내렸어

여기저기 눈 녹은 물이 넘실대는 절망의 물결
희망으로 가꾼 화초는 고개 숙여 힘을 잃고
전기는 끊겨 싸늘한 난장판 된 삶터
젖은 이불처럼 무거워
복구 자재는 품귀
도와줄 기술자 손길마저 보이지 않네
시린 바람이 텅 빈 가슴으로 떨어지고
차마 다독일 수 없는 아픔이 밀려와
이 슬픔 끝은 어디인가

이 얼어붙은 땅 아래 다시 꿈을 심으려 하네
눈 녹으면 새싹은 돋아날 테니
언젠가 희망의 터전 되기를

내 조국 태극기

뜨거운 모래바람
땀방울 쏟아지는 끝없는 사막의 한낮
짓눌린 어깨 메마른 입술 위로
문득 펄럭이는 작은 조국의 물결

붉고 푸른 태극의 춤사위에
멈췄던 심장이 다시금 뛰고
네 귀퉁이 검은 사괘에 왈칵
뜨거운 눈물이 가슴에서 솟구쳐 올랐던
조국의 상징 해외에서의 태극기

이것은 약함이 아니었음을
넘어져도 다시 일어설 힘
낯선 땅에 뿌리 내린
불굴의 정신이었음을
어머니 품 같은 그리움
내 조국 대한의 혼이었음을

여행, 남쪽으로

허기진 시간을 모아 그리움은 더하고
어제 두고 온 통영 바다 붉은 동백꽃
아픈 기억처럼 제멋대로 흩어지네

망울 터뜨린 개나리에 봄을 걸고
밭 일구는 농부의 긴 숨이 햇빛에 실린다
따스함 속에 스며든 삶의 고단함이여

급하게 돌아선 거제 포로수용소
아픈 세월이 피 맺힌 상흔으로 묻혀 있고
절규하는 파도 위엔 거대한
침묵의 배만 떠 있네
그날의 비극이 이곳에 영원히 각인된 듯

술잔 가득 채워진
세월의 사연을 들이켜니
바람에 꺾인 시간의 마디마디가
사무치게 서럽다
역사의 아픔이 가슴 저리게 울리는
남쪽의 밤

삶의 궤적, 시가 되다

걸어온 길 위에 새겨진 시간들
머릿속 세상 빼곡히 담아내니
내일의 마주할 풍경까지
한 줄 한 줄 시가 되어 피어납니다

이 여름 태양보다
뜨거웠던 나날들
그 뜨거움 속에 정성껏 엮어 낸
삶의 조각들이 여기
시가 되어 추억이 됩니다

감사의 발자취
돌아보면 걸어온 모든 순간이
감사함으로 가득 찬 발자취였음을
시집으로 엮고
내 인생을 쓰는 일
이토록 잘한 선택이라 속삭여 봅니다

멈추지 않는 마음

어린 날 숱한 벽 앞에 서도
주저앉지 않고 길을 만들었네
넘어지면 먼지를 털고 다시 일어서는 법
그렇게 나의 길을 믿으며 걸었네

옳다 여기는 일에 마음을 다 바치며
그늘진 곳에 먼저 손 내밀었네
외로운 이웃의 눈물 닦아 주며
세상 속 작은 등불이 되고자 했네

수많은 계절이 흐르고 나이가 들어도
나의 심장은 여전히 뜨겁게 뛰네
어제를 살았던 것처럼 내일도
오직 길을 굳건히 걸어가리라

그렇게 가는 거야

그렇게 가는 거야
걸어온 시간들
때론 부족했대도
아쉬워도
그대로 아름다웠네

그렇게 가는 거야
빛나지는 않았어도
기쁨과 슬픔 모두 품에 안고서
담담히 다음 발걸음을 옮기네

그렇게 가는 거야
걸어온 모든 발자취
순간의 판단들
후회 없이 모든 걸 쏟아부었으니
그저 그렇게 가는 거지

청춘, 그 이름

어릴 적 아버지의 지천명은
세월의 강물이 깊게 파인 계곡 같았죠
희끗희끗 머리칼은
'반백'이란 단어가 자연스레 떠올랐습니다
그 연세 아버지는 이미 저물어 가는 해 같았죠

세월은 같은데
어느새 내가 그 쉰을 훌쩍 넘어서도
거울 속 나는 여전히 낯선 청춘입니다
주름 몇 개 늘고 수염 색이 변했어도
마음속 불꽃은 사그라지지 않습니다

육십, 그 숫자가 무슨 의미겠습니까
내 안의 젊음은 여전히 꿈을 꾸고
새로운 도전을 향해 설렘으로 뛰죠
세상 모든 빛깔이 더 선명하게 보이고
잔잔한 바람에도 감사함을 느낍니다

청춘은 흘러가는 시간이 아니라
끓어오르는 열정이며
새로움을 갈망하는 마음의 노래입니다

그러니 육십이라 해도 좋습니다
내 심장은 여전히 뜨겁게 뛰고
내 눈은 여전히 세상을 탐구하는
오늘도 나는 청춘입니다
영원히 푸른 나의 청춘입니다

돈의 얼굴

묵직한 지갑이 인격을 대신하는 시대
얇은 지폐 한 장에 존경이 흐느낀다
수려한 언변도 깊은 지혜도
반짝이는 명함 앞에 고개를 숙이는구나
쩐이 깡패인 세상 논리도 정의도 무릎 꿇는다
두툼한 봉투에 악수가 오가고
법의 저울마저 기울어진다
침묵은 금이 되고 진실은 흙먼지처럼 흩어진다

돈이 곧 힘이니
그대 손에 든 것이 왕관이요
그대 발밑에 밟힌 것이 사람이라
시장의 거센 파도가 인생의 항해를 결정하고
숫자의 잔고가 삶의 무게를 가늠한다

아 시대의 슬픈 노래여
울려 퍼지는 돈의 멜로디에
인간의 가치가 흔들리고
진정한 행복은 어디에 숨었나
탐욕의 그림자가 드리운 이 땅에
참된 빛은 언제 찾아올까

엇갈린 시선

닿을 듯 말 듯 그 선 위에 서서
그려본 미래는 오직 너와 나였지
투명한 꿈처럼 빛나던 조각들이
네 손끝에서 산산이 부서질 줄이야

같은 풍경을 보며 다른 색을 칠했나
내 안의 너는 따스한 봄날이었는데
네 눈 속 나는 차가운 겨울이었네
수없이 쌓아 올린 마음의 탑이
한순간 허무하게 무너져 내린다

이해라 믿었던 모든 순간이
오해의 그림자를 드리우고
사랑이라 불렀던 뜨거운 감정은
덧없는 환상처럼 흩어져 간다

아프다 기대했던 만큼 믿었던 만큼
너라는 세상이 통째로 흔들려
내 안에 균열이 생기는 아픔
어긋난 시선 속에서 길을 잃고
홀로 남은 자리 텅 빈 메아리만

추억 하나 놓고 가는 날 되소서

이 가을
행복을 가득 담으소서
기쁨으로 걸어가소서
귀하고 소중한 추억 남기소서

그리움이 내려앉은
노오란 은행잎 길 위에
추억 하나 기꺼이 놓고 가는 날 되소서

후회보다는 만족하는 하루에
뜨거운 열정으로
더없이 편안한 마음으로
오래도록 기억되는 날 되소서

날마다 그립고 보고 싶고
마음껏 부르고 싶고
머물고 싶으며
언제나 함께 있는
사랑하고 싶은 날 되소서

꿈은 앞으로 간다

태양은 찬란한 아침을 데려오고
따스한 햇볕은 생명의 봄을 깨운다

나무엔 오늘의 꿈이 걸터앉고
땅엔 새로운 희망이 숨 쉰다

따스한 손길에 녹아내려
마음 깊이 잠든 씨앗은
지난 추위도 아픔도 서러움도 딛고
이제 환한 세상 밖으로 힘껏 솟아난다

모든 망설임을 뒤로하고
곱고 고운 다채로운 빛깔로
더욱 밝은 세상을 만들어 가려 한다

세상은 혼돈 속에서도
넘어져도 다시 일어서며
결국 앞으로 나아갈 것이고
시련은 있어도 결코 꺾이지 않는
꿈은 반드시 피어난다

어디 가냐 묻지 마라

매 순간이 새로운 시작
어디 쉬운 길이 있으랴
홀로 걷는 이 여정에
어딜 가냐 묻지 마라

걷다 보면 넘어지는 길이
어찌 한두 번이랴
넘어지면 다시 일어서고
언덕이면 기어이 올라가고
막히면 기꺼이 돌아가는 것이 순리

결국 이 길은
무無에서 유有를 창조하는
여정 아니던가

없던 것을 지어 올리는 건설인에서
쓰러지지 않는 불굴의 사장으로
어둠 속에 희망을 밝히는 정치인으로
글에 생명을 불어넣는 시인의 길까지
나는 이리 새로운 세상을 열어간다

모든 것은 도전으로 시작하고
열정으로 나아가는 것
미지의 영역에 기꺼이 생명을 심는 일

행복은 바로 가슴 속에 있다
그것을 꺼내 쓰는 것도 나이고
어떤 행복을 택할지 결정하는 것도 나다

영광스러운 신인문학상 수상 시인으로서
문학의 드넓은 영역에
또 한 번의 꿈을 심는 세상을 열어 본다

바보인가요

아직 남은 차가운 기운이
바람에 실려 와 몸을 움츠리게 합니다
잘못된 길로 들어서는 건 자신이
모든 것을 안다고 판단하는 순간부터입니다

추위는 시간이 흐르면 봄이 되어 사라지겠지만
잘못된 판단은 고통의 아픔이 되어
다시 겨울로 이끌고 갑니다
믿지 말자고 수없이 다짐하고 또 다짐해도
감춰진 사연에 아픔으로 무너지는
나약한 저를 일으켜 세우기엔
그저 눈물만 흐릅니다

다시는 그러지 말자고 다짐해도
계속해서 반복되는 이 행동은
천사의 마음인가요
타고난 천성인가요
아니면 바보인가요
속임을 당한 아픔 속에서 깨달았습니다
돈은 믿어도 사람은 믿지 말라고
절절한 마음으로 새겨 봅니다

어머니시여

긴 세월 차곡차곡 쌓인 그리움이
온 세상을 고운 빛으로 덮었네

희고 소복하게 쌓인 눈처럼
정겹던 웃음꽃이 차가운 세상 녹여 내고
눈 쌓인 곳 세상살이에 타다 남은 가슴에도
기쁨과 정이 차곡히 쌓여 가네

막내라 더 가까이 어머니와 함께했던 시간
부엌 아궁이에 불 지피던 그 순간
어머니의 그윽한 눈빛 속에
아픔을 삭이며 참아 내던 모습
내 눈가에 이슬 맺히게 하고
그윽한 음식 냄새는
정겨운 설을 만들어 주었지

우리 어머니 눈물과 한숨으로
애타던 가슴 부여잡고 아파하시던 모습
하얀 눈 속에 피어나는 설처럼
선명히 다가오네

엄마 품 같은 고향

스치는 바람에도
고향의 향기가 깃들고
따스한 햇살 속엔
엄마의 온기가 배어 있으니
어찌 이 고향을 잊을 수 있으랴

타향에서 입은 상처를 안고 돌아오면
이곳의 자연은 잊지 못할 그리운 풍경이 되고
웃음꽃 피어나는 자리에서
나는 깊은 위안과 치유를 얻는다

무엇이 이토록 좋은가
고향 내음만으로 벅차오르는 감정과 함께한
시간은 축복이며 행복이로다

지친 몸 이끌고 고향을 찾으니
더없이 좋아서
벅찬 가슴으로 향수에 젖어 보네

정월 대보름

정월 대보름
추위 붙들고 눈을 타고 왔네

가장 크게 보이고 선명하게 뜬다는 명절
소원 빌고 싶지만 달은 없고
세상은 눈으로 하얗게 깨끗해

포근한 마음에 던진 윷가락에
한 해 풍년 기원하며
오곡밥에 그 이상 부럽지 않네

계절 따라 주어진 시간 속
그래도
뭔가 소원 빌고 싶은
마음이 따뜻한 듯 춥네

홀로 쓰는 아리랑

여행 떠나는 길
봄기운 완연한데 마음은 시리다
홀로 걷는 아리랑
그대 없어도 봄은 기어이 찾아와
홀가분한 바람 되어 곁을 스친다
예당저수지 출렁다리 아래 물결은 춤추고
윤봉길 의사 생가엔 독립의 숭고함 배어 있다
수덕사 여승의 염불 소리 아련히 들려오는 듯

시골 오일장
뻥튀기 기계 소리 정겹고
훈훈한 인심 넘쳐나는 곳
바다 고기 민물고기 좌판 가득하고
냉이 할머니 오가피 할아버지의 주름진 손
삶의 이야기가 묻어난다
세속의 찌든 때 온천물에 흘려보내고
홀가분한 마음으로 봄을 따라 걷는다
추억을 소환한 시골 풍경 속에서
새로운 아리랑을 읊조리며

세상을 만져보며

산허리 휘돌아 나오는 바람에
머릿속 샤워를

천년을 지켜 온 터에는
찌든 욕심 내려놓고

땅속 깊이 올라오는
따뜻한 온천수에는
세속의 때를 벗는다

한 해가 가면 또 한 해가 올 터인데

오고 가는 세월에 맡겨진 몸은
힘없이 무너지는 생각으로

한 걸음 세상을 만져보며
느릿한 시간 속으로
마음을 내려놓는다

세속의 시름 털고

세속의 시름 털어 내고
묵묵히 한 발 또 한 발
겹겹이 쌓인 마음의 먼지
맑은 물에 씻어 내듯
수백 년 세월 견뎌 낸
수많은 수도승의 발자취
그 깊은 문턱을 나 또한 넘어선다
산허리를 감아 도는
바람결에 실어 보내는
얽히고설킨 상념들
내 안에는 또 다른 내가
숨 쉬고 있음을 문득 깨닫는다
애써 털어 내고 오려 내도
쉽게 사라지지 않는
그 고집스러운 나를
천년의 시간을 품은 내장사
그 고요한 품에 기대어
세속에 찌든 욕심과 번뇌를
조용히 내려놓고 가려 한다

7

내 안의 숲

찬란한 오늘

건강하자 많이 웃자
크게 웃자 더 크게 웃자

한 번쯤은 멋진 모습 아니어도 좋아
온 마음 다해 신나게
살아봐야 하지 않겠니

오늘 새로운 날
찬란한 태양처럼 크게 가슴을 열고
세상을 마시자
세상을 온전히 마시자

내가 있어야 세상도 있는 거야
긍정으로 희망으로
오직 긍정과 희망으로
세상을 열어 보는 오늘이 되자
빛나는 오늘이 되자

골프채를 놓으며

시민에게 봉사하겠다던
그 굳건한 맹세는 어디로 갔나

땀 흘리는 민생의 고단함 대신
푸른 잔디 위 유려한 폼으로
골프채를 잡고 선 모습이라니

겸손히 귀 기울여야 할 목소리보다
나이스 샷
감탄사에 더 익숙한 듯
쨍그랑
공 맞는 소리만 청량하게 울려 퍼진다

마땅히 서 있어야 할 곳은
고통받는 이웃의 곁인데
어울리지 않는 풍경이여
골프채를 든 의원의 뒷모습에
희망은 아득히 멀어져
골프채를 놓는다

내 안의 숲

찬 바람 스치는 허허벌판에
한때는 시든 꽃잎처럼 주저앉아
끝없이 흐느꼈지
찢긴 마음 부여잡고

모두가 떠난 줄 알았던 그 자리에서
아주 작은 온기 하나
스스로에게 내어 준
한 줌의 햇살

아야
쓰린 아픔 기어이 보듬으니
억겁의 시간 속 침묵하던 뿌리가
가느다랗게 굳건히 뻗어내려

이젠 흔들리지 않는 내 안의 숲
깊은 상처 위에 피어나는 시간
더할 것도 뺄 것도 없는
온전한 나로 다시 서는 시간의 발걸음

목마름으로 길을

물 한 모금 없는 사막
갈증은 목을 태우고
아지랑이 피어나는 저편
신기루 따라 걷는 발걸음

모래바람 휘몰아치는 길
지친 몸은 휘청이지만
생명의 샘물 찾아 헤매는
간절한 마음은 타오르네

타는 갈증에 허덕이다
별빛 쏟아지는 밤하늘
은하수 흐르는 저 위엔
내 갈망 아는 듯
시원한 달빛이 흐르고

목마름으로 찾는 길 끝에
닿을 수 없는 곳이라도
이 갈망이 나를 이끌어
결국 닿으리라
내 영혼의 오아시스에

끝이 없는 거야

우린 죽을 날을 몰라
끝이 없단 생각에 때론 주저앉지
두려움이 발목 잡고 도전은 멀리 아득해

하지만 가만히 있을 순 없어
어느새 다시 심장이 뛰어
넘어져도 괜찮아 흙먼지 털고 일어서는 거야

좌절은 잠깐의 쉼표일 뿐
인생이란 긴 시의 한 구절
다시 숨 고르고 또 한 걸음 내디뎌

끝없이 펼쳐진 길 위에서
우리는 계속 걷고 또 걸을 거야
매일 새로운 시작이고 매 순간이 도전이니까

삶은 멈추지 않는 움직임
넘어지고 일어서는 반복 속에
진정한 우리를 찾아가는
영원한 여정인 것을

축제로 사는 인생

땀 흘려 일하는 하루
노동은 곧 활력의 노래
몸은 고되어도 마음은 춤추니
바로 삶의 리듬 건강한 운동이지

사업은 즐거운 일상
아이디어 솟아나는 샘
위기마저 웃음 삼키고
과정 자체도 기쁨일세

끊임없이 창작하면
세상이 곧 내 무대
백지 위 꿈이 피어나고
영혼 가득 채우는 예술

열정으로 사는 인생
매 순간이 축제 같아
넘어져도 다시 일어서는
살아있음의 빛나는 길

농부의 희망가

봄바람이 가슴 깊이 스며들고
따스한 햇살이 모든 생명을 깨우는 오늘

힘찬 로터리 소리 밭을 가르고
호박 구덩이 정성껏 파냅니다
튼실한 다년생 고추 모종 하나하나
새로운 희망을 심는 간절한 마음으로

이마에 송골송골 맺히는 땀방울마다
소중한 보람이 송골송골 영그네요
이것이 바로 진정한 행복 아닐까요

풍요로운 여름, 가을을 기다리며
꿈을 일구는 농부의
희망찬 마음입니다

감사의 마음

피를 나눈 형제 아니어도
같은 시대 살아 만난 인연
마음에 담아 소중히 여기니
진정 행복이 여기 있네

마음에서 우러난 고마움
이 마음 통하니
행복이라네

진정코 감사의 마음
함께 하는 이 시간
더없이 소중해라

참으로 감사한
서로를 알아주는 마음
그것이 바로 행복이라

담배와의 전쟁

남들이 다 쉽지 않다 말했지
손에 익은 버릇
입에 맴도는 연기 건강에 해롭다는
그 말들도 그저 흘려듣던 나날들

하지만 이제는 안다 내 안의 더 깊은 곳
그 독한 마음 하나가 담배보다
더 진하게 타오름을

한 모금의 유혹이 아니였어
끊는다는 건 나를 넘어서는 일
매 순간 나 자신과의 싸움이었지
손끝의 허전함 목마른 갈증
때로는 비수처럼 꽂히는 그리움

하지만 나는 알았다 이 싸움의 끝에는
더 단단한 내가 서 있음을

이제는 연기 대신 숨을 깊이 들이마셔
폐부 깊숙이 차오르는 맑은 공기
이것이 진정한 나의 승리
담배보다 독한 마음으로 나는 마침내
자유가 되었다

마음의 빛으로

어둠 속을 헤맬 때
가만히 손 내밀어 준 당신
작은 한숨에도 귀 기울여 주고
무너진 어깨 감싸 안아 준 온기
세상의 소용돌이 속에서
길 잃지 않도록 이끌어 준
따뜻한 눈빛

잊힐까 두려울 때마다
가만히 이름을 불러 주며
존재의 이유를 알게 해 준
당신은 내 삶의 소중한 기록
마음에 새겨진 빛나는 흔적
이 모든 기억과 관심에
어떤 말로 다 할 수 있을까

그저 고개 숙여 감사하고
내 안의 빛으로 당신을 비출 뿐
진심으로 고맙습니다
나를 존재하게 하는 당신께

가화만사성

늘 곁을 지켜 주는 소중한 이름 가족
따스한 햇살처럼 포근히 감싸 주고
때로는 거친 비바람 막아 주는 든든한 울타리

넘어져 아파할 때 먼저 달려와 일으켜 세우고
말없이 내밀어 준 손길 다시 일어설 힘을 얻네
서툰 투정에도 넓은 품으로 안아 주고
어리석은 선택에도 믿음으로 지지해 준 당신

기쁨은 함께 나누어 곱절이 되고
슬픔은 나누어 반으로 줄어드는 마법
솔직한 내 모습을 보여도 부끄럽지 않은 곳
세상 무엇과도 바꿀 수 없는 나의 안식처
가정이 화목하면 만사가 형통

시간이 흘러도 변치 않는 사랑으로
오늘도 내일도 영원히 함께할
그대들은 나의 가장 큰 선물 나의 전부
고맙습니다 사랑합니다 나의 소중한 가족

선출직 공무원은

높은 자리 그 무게를 아는가
천 개의 눈이 지켜보는 이곳
한 표 한 표 쌓아 올린 믿음 위에
그대 약속의 이름으로 섰으니
개인의 영달도 작은 이익도 아닌 먼저
국가가 보인다 해야 하리
이 땅을 지켜 온 선조들의 숨결과
미래 세대가 밟을 단단한 터전

민족의 혼이 스민 강산 바라보라
오천 년 역사 속에 피어난 얼
아픔도 기쁨도 함께 나눈 이들
그들의 오늘과 내일을 짊어졌음을
뇌리에 깊이 박아 둘 두 단어 국가와 민족
등대가 되어 흔들림 없이 나아가야 할 길
오직 그 길 위에 충정을 바쳐라

그리하여 마침내 꽃 피울 희망
모두의 염원이 담긴 대한민국
그대 손끝에서 다시 태어나리니
오직 그 이름으로 헌신하라

벼랑 끝의 맹세

높은 자리에 올라 세상 내려보니
아득한 벼랑 끝에 홀로 선 듯하네
환호 속에 감춰진 고독한 무게
권력의 달콤함이 발목을 붙잡네
시민의 염원 담아 오른 이 길
허나 통제 없는 자유는 독이 되리
귓가를 스치는 아첨의 속삭임
그림자 드리워 양심을 가리려 하네
밤마다 되뇌는 처음 그 맹세
섬기는 마음 잃지 않으리라
낮은 곳을 향한 시선 거두지 않고
약자의 목소리에 귀 기울이리라

스스로에게 씌우는 엄격한 굴레
유혹의 손길마다 철벽을 치리
권력이란 잠시 맡긴 무거운 짐
탐욕의 칼날에 베이지 않으리
이 길 끝에 남을 것은 이름뿐
오만과 탐욕은 한낱 허상일 뿐
초심을 등대 삼아 나아가리니
벼랑 끝에서 지키는 나의 길

늙지 않는 경험의 길

나이테는 세월을 말하지만
경험의 깊이는 셈할 수 없네
숱한 발자국들이 모여
더 넓은 들판을 만들 듯

높은 뜻 품고 걸어온 길엔
젊은 날의 열정 스며 있고
숱한 시행착오 속에서
지혜의 샘물이 솟아났네

머리칼 희어져도
가슴속 열정은 식지 않으니
다양한 경험이라는
씨앗은 시간을 넘어 싹을 틔우고

결국 낡은 틀을 깨고
새로운 길을 여는
더 큰 그림을 준비하리라

돈

손에 쥔 종잇조각 그저 숫자의 유희
돈이란 무엇인가 축복인가 흉기인가

욕망의 그림자 드리운 곳 너는 축복이 되어
굶주린 이에게 밥이 되고 병든 자에게 약이 되며
지식의 문을 열어 빛이 되고
새로운 꿈을 심는 씨앗이 되나
나눔의 기쁨 속에 너는 빛나고
넉넉한 마음으로 세상을 품네

탐욕의 칼날 번뜩이는 곳 너는 흉기가 되어
가난한 이를 짓밟고 정의를 더럽히며
사랑을 재고 우정을 팔아 인간의 존엄을 짓밟고
시기와 질투의 독을 퍼뜨려
모든 것을 파멸로 이끄니

너는 스스로 빛을 내지 못하고
잡는 자의 마음에 따라 선의 도구가 되거나
악의 촉매가 될 뿐

아 돈이여! 너는 그저 무정한 도구
너를 쓰는 자의 지혜와 마음에 따라
축복이 되기도 하고
가장 잔인한 흉기가 되기도 하네

얼룩진 웃음

속아 피폐해진 삶
괜찮다 괜찮다 스스로를 속여 봐도
파멸한 세상 속 간신히 입술을 깨물 뿐
산산조각 난 믿음의 파편 차마 외면치 못하고
인간의 도리라 속삭이며 텅 빈 미소만 짓는다

사기라는 이름의 칼날
모든 걸 잃어버린 마음은 이제야 깨닫는다
잔인한 세 치 혀는 날 향한 사기였음을
모든 것이 엉망이 된 것은
너의 간교함 때문인데 왜 너를 믿었던가

지울 수 없는 상처
우정이라 믿었던 인연은 지울 수 없는 상처가 되어
가슴에 깊은 대못을 박아 숨 쉬기 힘들구나
고통에 신음하며 차라리 만나지 말걸
후회 속에서 몸부림치는 피를 토하며 쓰러진다

같이 가는 세상은 아름답다

눈길 머무는 곳에
소중한 인연 피어나고
마음 머무는 곳에
깊은 사랑 깃드네

시간의 흐름 속에
그리움으로 세상 채워 가니
무엇을 하든
무엇을 꿈꾸고 생각하든
기쁨은 언제나
우리 안에 있네

인연은 곧 행복이요
사랑은 더 없는 축복이니
함께 걷는 세상
참으로 아름다워라

여름의 변주곡

보이는 것 들리는 것
모두 나뭇잎 사이 솔바람의
노랫소리로 투명하게 쌓이는 사연

무성한 나뭇가지에 앉아 있는 여름은
탐스러운 개복숭아를 물들이고

텃밭의 고추는 작열하는 햇빛 머금고
붉디붉게 실하게 익어 가네
생명의 싱싱함 대지의 풍요로움으로
삶은 찬란한 희망이라고

마음에 옹이처럼 맺힌 용서하기 힘든 날
구슬 같은 굵은 땀으로 다스리면
마음은 문득 지평선처럼 넓어지는
진정한 행복을 부른다

여백

창가에 기웃거리던
어둠이
방 안 가득
그리움 내려놓고
가슴을 헤집습니다

어둠 따라 밀려든
그리움은
나의 영혼을 깨워
이 밤을
환히 밝히고 있습니다

만질 수 없는
시간 속을 서성이다
아름다운 추억 가슴으로 떨어지면
사랑의 꽃잎 되어
새로운 희망을 노래합니다

금연하고저

숨 막히는 싸움이었다
손끝을 떠는 욕망과
온몸을 할퀴는 금단 증상
숨을 멈추듯 힘든
죽을 고비 그 끝에서
새벽 공기를 들이마셨다

한 모금에 무너질까
스스로를 의지로 묶었다
타오르는 불꽃 대신
심장을 뛰게 하는 고동
맹렬히 퍼붓는 소나기처럼
낡은 습관을 씻어냈다

이제 더는 돌아가지 않는다
주머니 속 빈 담뱃갑처럼
나를 짓누르던 모든 것이 사라졌다
의지로 쌓아 올린 이 성
무너지지 않을 단단함으로
새로운 숨을 쉬기 시작한다

인생이라는 이름의 시

쓰다 지우고 망설이다 덮네
수없이 반복되는 페이지 속에
오늘은 그렇게 저물고

또다시 꺼내어 보는
삶이란 이름의 낡은 책
내일은 어떤 글씨로 채워질까

하얀 여백 위에 조심스레
행복이라는 단어를 써 내려가네
점 하나 선 하나 모든 순간이
반짝이는 별이 되어
밤하늘 가득 수놓아지리

더는 지우지 않을 거야
망설임 없이 펼칠 거야
내일은 오직 행복으로만
채워질 테니까

허무

피멍 든 밤
찢어지는 고통 속 뜬눈으로 지새우다
핏줄에 박힌 주삿바늘
시린 허공 같은 머리
얼어붙은 가슴 뒤척일수록
한없이 밀려드는 고통에 짓눌린다

지구별 이 지옥 같은 땅
어느 틈새에 겨우 매달린
병들고 스러지는 몸
살을 에는 소독약 냄새
볼품없는 앙상한 몸뚱이
한순간 피었다 지는
안개꽃처럼 스러지는
끝없는 허무가 온몸을 파고든다

생각의 끝 이 모든 건
누구의 마지막 숨결일까
시간이라는 덧없는 길 위를
홀로 걷고 있다

사라지는 이름들

밤이 깊어질수록
손안의 작은 액정엔
낯익은 번호들이 하나하나씩
점멸하며 사라진다

지울 때마다 스며드는 작은 진동
그건 네 이름이
내 기억에서 지워지는 소리

한때는 세상 전부였던 따스한 목소리
이제는 닿을 수 없는
별이 되어 아득히 멀어진다

남아 있는 건
텅 빈 자리의 허전함과
시린 가슴을 파고드는 먹먹한 슬픔뿐

사랑하는 이여
너의 흔적을 지우는 이 밤은
나에게 영원히 잊히지 않을
이별의 의식이 된다

술잔을 놓으며

수십 년을 함께한 술
괴로울 땐 시름을 달래주던 친구였고
기쁠 땐 흥을 돋우던 오랜 벗이였지
잔을 부딪히며 깊은 정을 나누던
삶의 동반자였음을 어찌 부정하랴

세금으로 집행하는 행사장에
심사자와 집행자가 마주 앉아
술잔을 기울이는 모습은
지켜야 할 책임감으로
공정함과 청렴함을 위해
술잔을 내려놓아야 한다는 것을

술과의 인연을 끊었네
홀가분하면서도 왠지 모를 허허로움
그 빈자리를 이제는
더 큰 신뢰와 정의로 채워 가려 하네

조국의 내일

허기진 들판 위
시린 별 아래
간절한 꿈으로 씨앗 심고
쓰디쓴 땀으로 꽃 피웠네
메마른 땅
희망을 엮어
오늘의 풍요를 일구었으니
찬란한 빛
이 강산에 가득하여라

우리의 아들들이여
그대 눈빛 속에
더 큰
내일의 씨앗을 심으라
영광된 조국
영원히 빛나리니
자유와 평화의 이름으로
세상에
그 빛을 펼쳐라

웃어보자 친구야

어깨에 짊어진 삶의 무게가
너무 버거워 한숨만 나올 때
친구야 괜찮아
잠시 다 내려놓고 이리 와 봐
굳게 닫혔던 입꼬리
억지로라도 끌어올려 봐
어색한 웃음도 괜찮아
시작이 반이라고 했잖아
우리 크게 한번 웃어보자
배꼽 빠지도록 눈물 쏙 빠지도록

세상의 온갖 시름 웃음 속에 다 날려 버리자
세태에 찌든 마음 환하게 터지는
웃음소리로 보내 버리자
새싹처럼 돋아날 거야
다시 일어설 힘이 생길 거야
그러니 친구야 망설이지 말고
함께 소리 내어 웃어 보자
가슴 가득 시원한 바람 불어넣고
다시 시작할 용기를 얻을 때까지
우리 함께 크게 한번 웃어 보자

풍요로움으로

가을걷이 끝에
방앗간 지나는 길
쌀 포대 짊어지고 오니
가슴 가득 부자 된 듯해라

뜨거운 여름날
땀방울 흘린 고통도
행복으로 가득 채워지네

행복의 조건은 몰라도
자리에서 최선을 다하는 시간
참으로 풍요롭구나

글 쓰고 이야기 나누며
세상살이 함께하니
이 또한 기쁨이요

가을 끝자락
겨울 준비에 분주한 시간
이 또한 행복이라

희망의 내일

내일은 꿈꾸는 자의 것
도전하는 모든 생각
그 자체로 이미 행복이어라

오늘도 머릿속 세상
현실로 엮기 위해
힘껏 뛰고 노력하며
긍정으로 바라보네

나이만큼 빠른 시간
희망으로 여는 내일
이 세상
참으로 아름답구나

세월이 아무리 빨라도
내일은 늘
새로운 희망으로
다시 피어날 테니

자연재해, 무너지는 마음

아프다
너무나 아프다
눈은 추억을 불러 세우는데
온통 하얗게 변한 세상
겉보기엔 아름다워도
그 속엔 무너지고
부서지는
아픔의 흔적뿐

멍하니 바라볼 뿐
어찌할 방법이 없네
이것이 자연의 위대함인가
아니면 그 무서움인가

어찌하랴
조아린 마음만 저려 오고
머리가 하얗게 세는구나
이런 거대한 힘 앞에
그저 숙일 수밖에

홀로 서는 바람처럼

바람에 귀 기울이고 싶다
자연의 품에 안겨
세상 속 자유로운 영혼이고 싶다

사람이 밉고 사람이 두렵다
가까이 다가오는 온기조차
이젠 싫어졌다

그 웃음 뒤에 감춰진
진실의 얼굴을 볼 수 없어
이토록 지쳐 버렸다

차라리 혼자이고 싶다
세상살이
사기꾼만 조심하면 성공이라던 그 말
바보였을까 멍청이였을까
왜 이리 태어났을까

넘치는 정情에 아픈
마음, 스스로 한탄한다

백지의 기로

절박한 기로에서
되돌아보면 그저 하얀 백지인 것을

마음 한구석
아쉬운 그림자는 한숨으로 흐르고

누군가 그리워하면서도
돌아서면 가득한 허무함
아 욕심인 것을

놓아두고 가자
내 것이 아닌 것을 더 많이 담지 말자
무거워 가지 못하리

몸에 맞는 옷을 입자
만약 맞지 않는다면 몸을 맞추어야 하나
어렵다

흔들리는 바다

떨어지는 햇살
바다에 금빛 물결로 출렁이는데

나도 흔들리고
배도 흔들리고
세상도 흔들린다

갈매기의 꿈은 무엇일까
지평선은 끝이 어딜까
무엇을 품고 있을까

바다는 흔적 없이 모든 걸 감싸안고
평온함으로
이 시간을 삼킨다

시대의 탄식

법보다 앞서야 할 정치의 지혜가
메마른 이 땅에 강물처럼 흐르지 못하고

만나야 할 얼굴들 외면한 채
닫힌 문 뒤 차가운 고집만이 쌓여 가네

삼권분립 엄연한데 법은 다만 벽이 되고
소통의 다리는 놓이지 않으니

그대 모든 정보와 권한 쥔 자여
세상을 오직 아집으로 재단하는가
그 손에 쥔 칼날이 무기 아닌 흉기로
느껴지는 건 왜일까

남북 대치의 위태로운 줄 위에서
계엄령이라는 차가운 단어 귓가를 스치니
등골 시리도록 무섭구나

이 시대 대통령이란 이름 앞에 묻고 싶다
과연 그대 이 나라의 진정한 수장인가
아니면 닫힌 성벽 안 고독한 왕인가

회장의 무게

수많은 눈빛이 쏟아지는 자리
언제나 단단한 가면을 썼지
웃고 악수하고 고개 끄덕이며
'괜찮다, 다 잘 될 거다' 속삭였네
하지만 혼자 있는 시간
홀로 마주한 거울 속
가면 뒤 핏줄 선 얼굴이 보였어
수십 년 쌓인 서류 더미처럼
내 어깨 위엔 무거운 책임이 짓눌렀지
때론 칼날 같은 비난이 심장을 꿰뚫고
믿었던 손등에 비수가 꽂히기도 했어
모두를 위한 길이라 외쳤지만
결국 혼자 걷는 가시밭길이었네
화려한 조명 아래 박수 소리도
텅 빈 강당에 울리는 공허처럼
내 안의 깊은 외로움을 채우지 못했어
지친 영혼은 껍데기만 남은 듯했지
이제는 내려놓을 무거운 자리
자유로울 줄 알았던 두 손엔
여전히 지울 수 없는 상흔이 남아
오랜 시간의 흔적을 말없이 보여 주네

추억 속의 사랑

내 삶의 가장 시린 계절
메마른 가지뿐인 마음에
그대 한 줄기 햇살처럼 스며들었지
지독하게 온몸으로 널 사랑했어
갈라진 흙 속에 뿌리내린
유일한 꽃이었던 너
상처 난 가지마다 네 숨결로 새잎 돋고
시들어 가던 심장에 고운 꽃망울 터뜨렸지

하지만 시간은 가혹한 바람
어느새 꽃잎 지고 마지막 낙엽 한 장
손 놓듯 바스러지네
잡으려 허우적거릴수록
더 멀리 흩어지는 사랑
이제 빈 터에 차가운 바람만 서성이고
네가 앉았던 자리엔 깊은 상처로
붉은 노을만 남았어
피할 수 없는 계절의 끝에서
나는 마른 가지처럼 부러지고
네 이름만 불러 보네

인생은 축복

작은 숨결 하나하나에
새겨진 이름 모를 꽃잎처럼
인생은 그렇게 향기로 피어난다
햇살 아래 반짝이는 이슬방울
어둠 속에서도 빛나는 별 무리
어느 것 하나 소중하지 않은 것 없으니
모든 순간이 선물이 된다

때로는 거친 바람 불어와도
뿌리 깊이 박힌 희망은 흔들리지 않고
눈물 머금은 대지 위로
새싹은 또다시 고개 내민다

서로의 어깨에 기댄 그림자
함께 웃고 함께 울던 시간들
인연이라는 이름의 다리 위에서
삶은 더욱 풍요로워진다
그러니 두려워 말자
매일 뜨는 해처럼
매 순간 펼쳐지는 기적처럼
인생은 바로 축복이니까

마음의 거울

내 안의 깊은 마음속
고요히 잠든 두 그림자
하나를 꺼내면 미움이라 이름 짓고
찌푸린 얼굴로 세상을 향해 뻗어 내니
닿는 곳마다 차가운 가시 돋고
돌아서는 발걸음엔 한숨이 스미네
또 다른 하나를 꺼내면 이쁨이라 부르네
환한 미소로 세상을 향해 건네니
만나는 이마다 따스한 온기 나누고
돌아오는 길엔 꽃잎이 흩날리네
알았다네
이제야 깨달았다네
세상에 던지는 모든 빛깔은
결국 나에게서 시작되는 것

미움도 이쁨도 모두
내 마음의 거울에 비친 나 자신이었음을
그러니 오늘 나는 어떤 거울을 닦을까
어떤 빛깔로 세상을 물들일까

우리라는 이름

우리라는 말은
참 소중하고
깊은 의미를 품었네

그 범주 안에는
양보로 빚어진 단합된 생각과 행동
서로 어울려 살아가는 지혜가 있네

우리이기에
어렵고 힘든 일도
쉽게 헤쳐 나가고
새로운 길을 만들어가지

우리의 삶은
조화로운 물결 되어
세상을 더욱
아름답게 수놓아 가네

책임감

숨 막히는 열기
대지를 달구는 태양 아래
한숨이 절로 나는구나
그래도 발걸음을 멈출 순 없지

이마에 맺힌 땀방울
식지 않는 열정 되어 흐르고
무거운 어깨 위
책임감이란 이름의 훈장이 빛난다

누구도 대신할 수 없는 일
뜨거운 현실 속에서도
묵묵히 위치에 맞는 몫을 다하리라

지쳐도 쓰러지지 않는 마음
타오르는 불꽃처럼 솟아나 오늘도
땀으로 일군 하루가
벅찬 보람으로 채워지리라

나에게 쓰는 시

가장 깊은 곳에 나
오직 나만이 아는 내 안의 숨겨진 빛
수많은 손길이 스쳐 가도
결국 닿을 수 없던
가장 여린 살결 뜨거운 심장

이제는 알아 무엇보다 먼저
내 손으로 나를 어루만져야 함을
아픔의 자국을 부드럽게 쓰다듬고
기쁨의 미소를 더욱 환하게 쓸어 올리네

세상이 나를 몰라도 좋아
스스로 내 눈을 마주하고
온전히 나를 사랑할 때
비로소 완전해지는 나

오늘도 나는 나를 가장 깊이 안아 주고
내 숨결로 나를 보듬네
오직 나만이 줄 수 있는
진정한 사랑으로

작가의 변辯

폭풍우 속에서 움튼 작은 씨앗

 1950년대, 전라북도 정읍의 작은 시골 마을에서 제 삶은 기적처럼 시작되었습니다.
 제가 태어날 무렵, 아버지는 생사의 기로에 서 계셨습니다. 당시 저는 갓난아기의 몸으로 병약한 아버지와 함께 세상의 냉대 속에 버려져야 했던 시간, 모두가 끝이라고 말했던 그 순간 친척의 따뜻한 손길 덕분에 겨우 목숨을 부지할 수 있었습니다. 아버지와 저, 두 사람 모두 거친 폭풍우 속에서 뿌리내린 작은 씨앗처럼 역경을 견뎌 내고 살아났다는 사실은, 제 삶에 주어진 첫 번째 기적이자 가장 굳건한 희망의 증거였습니다.

 그렇게 시작된 제 인생은 한 편의 인생 파노라마입니다.
 눈물과 땀, 좌절과 희망이 뒤섞인 치열한 서사였습니다. 하지만 그 모든 시간의 중심에는 언제나 저를 지탱해 준 두 개의 기둥이 있었습니다. 하나는 저의 가장 큰 아픔이자 빛이었던 어머니의 헌신, 그리고 다른 하나는 수많은 고비를 넘어 단단해진 몸으로 부딪히는 경험이라는 성채였습니다. 이 글은 그 두 기둥을 따라 걸어온, 한 인간의 끝나지 않은 도전과 변신, 그리고 나눔의 여정에 대한 기록입니다.

제1장 : 어머니의 헌신, 제 삶의 가장 큰 등대

'어머니'라는 단어는 제게 평생 씻을 수 없는 아픔이자 동시에 꺼지지 않는 등대였습니다. 이름 모를 병든 몸을 이끌고 늙도록 고생하신 어머니의 세월은 오직 막내아들인 저를 위한 헌신의 시간 그 자체였습니다. 저는 어머니의 몸뻬 바지에 담겨 있던 구깃한 지폐들을 잊지 못합니다. 그것은 단순한 돈이 아니었습니다. 세상의 모든 역경을 이겨 내고 반드시 성공하라는, 어머니의 피와 눈물로 점철된 가장 굳건한 약속의 증표였습니다. 그 지폐 한 장 한 장이 수많은 고비 속에서도 배움의 끈을 놓지 않게 한 힘이었고, 저의 가슴에 뜨거운 불씨를 지펴 주었습니다.

어머니의 강한 사랑은 저를 움직이는 거대한 동력이었습니다. 저는 그 사랑에 보답하기 위해 밤낮없이 책상에 매달렸고, 그 결과 중학교 3년간 장학금을 놓치지 않았습니다. 초등학교와 중학교 시절 내내 반장 자리를 도맡아 하며 리더십을 키울 수 있었던 것 또한, 어머니가 제게 심어 준 자신감 덕분이었다고 생각합니다. 고등학교 졸업 후 전기과를 선택하며 공학도의 길을 걷게 된 것도, 삭막한 현장에서 언제나 책을 놓지 않았던 것도, 모두 어머니의 가르침 때문이었습니다. 학보사 기자 활동을 통해 세상을 보는 시야를 넓혔고, 바쁜 일상 중에도 행정법무대학원에 진학하여 끊임없이 새로운 지식을 탐구했습니다. 어머니는 그렇게 저의 삶 전체를 관통하는 든든한 꿈의 등대였습니다.

제2장 : 경험이라는 이름의 성채

제 삶은 수많은 죽음의 문턱을 넘어온 시간의 연속이었습니다. 재수 시절, 잠시 집에 들렀다가 연탄가스 중독으로 사경을 헤맨 일이 있었습니다. 몽롱한 의식 속에서도 저는 살고 싶다는 간절한 외침을 놓지 않았습니다. 건설 현장에 뛰어들었을 때는 용산 국제사옥 신축 현장에서 아찔한 추락 사고를 겪었고, 뜨거운 중동 땅 사우디에서는 차량 전복 사고로 세 바퀴를 구르는 아찔한 경험을 하기도 했습니다. 삶은 저를 수없이 흔들었지만, 저는 그때마다 더욱 단단한 의지를 다졌습니다.

그러한 경험들은 저를 멈추지 않는 열정의 소유자로 만들었습니다. 잠을 자면서도 전선의 굵기를 알기 위해 끊임없이 노력했던 젊은 날의 치열함은 저를 최연소 사우디 현장 소장으로 이끌었습니다. 뜨거운 모래바람과 50도를 넘나드는 악조건 속에서도 두려움보다는 성공의 설렘으로 대형 프로젝트를 성공적으로 완수해 냈습니다.

모래와 태양뿐인 삭막한 나라에서, 풍습과 관습이 다른 여러 나라의 외국인들과 기능사원들을 하나로 단합시키고 목표를 향해 나아갔던 시간은 산업 역군으로서의 자부심을 느끼게 하기에 충분했습니다.

한국으로 돌아온 후에도 저는 도전을 멈추지 않았습니다. 기간산업인 고속철도 전기 사업을 성공적으로 이끌며 한 분야의 전문가이자 기술자, 그리고 성공적인 경영자로 우뚝 설 수 있었던 것은 지난날의 치열한 시간들이 쌓아 올린 노력과 열정 덕분이었습니다. '경험은 지식을 이긴다'는 저의 신념은 18년간의 직장 생활과 12년간의 사업 운영을 통해 수없이 증명되었습니다. 저는 항상 새로운 목표를 만들고, 끊임없이 도전했으며, 그 모든 순간을 성공으로 이끌어 온 저돌적인 삶을 살아왔습니다.

제3장 : 나눔으로 완성되는 삶의 가치

어린 시절의 힘들었던 기억과 절망의 아픔은 제게 성공한 사람이 지역과 세상을 바꿀 수 있다는 강한 신념을 심어 주었습니다. 저는 그 신념을 실천하기 위해 제가 가진 것을 나누는 삶을 살기로 다짐했습니다. 모교에 꾸준히 장학금과 발전기금을 기부하며 후배들의 꿈을 응원했고, 졸업식장에서 한 학생의 어려운 사정을 듣고 대학 등록금을 지원하겠다고 약속했습니다. 6년 후, 그 약속을 지켰을 때, 저는 단순히 돈을 준 것이 아니라 한 사람의 꿈과 희망을 지켜주었다는 사실에 큰 보람을 느꼈습니다. 모교에서 학생들에게 진로 탐색을 위한 명사 특강을 했을 때, 학생들의 눈이 빛나던 순간은 지금도 제 가슴을 뛰게 하는 소중한 기억입니다.

삶은 또한 저에게 감당하기 힘든 아픔을 안겨 주기도 했습니다. 군 복무 중 마음의 안식처였던 어머니를 떠나보내야 했고, 제대 후에는 아버지마저 세상을 떠나셨습니다. 그리고 사우디 근무 중에는 저의 든든한 정신적 지주였던 둘째 형님을 잃었습니다. 인생에서 가장 소중했던 세 분의 임종을 지키지 못한 한은 여전히 제 가슴에 남아 있습니다. 그러나 그 아픔 속에서 삶의 소중함을 다시 한번 깨달았고, 그 공허한 자리에 어머니처럼 헌신적인 아내를 만난 것은 제 인생의 가장 큰 행운이었습니다. 사랑으로 저의 삶의 버팀목이 되어준 아내와 두 아들은 저의 가장 큰 기쁨입니다.

끝나지 않은 도전, 계속되는 삶의 여정

'머리에 희망을 심으면 희망이 싹트고, 절망을 심으면 절망이 싹튼다'라는 저의 좌우명은 수많은 역경 속에서도 저를 앞으로 나아가게 한 힘이었습니다. 한 단어의 차이 때문에 시민들이 엄청난 피해를 보는 현실을 보며, 시민들의 삶에 희망을 심고 싶다는 꿈을 꾸게 되었습니다. 그것은 곧 시의원에 도전하는 용기로 이어졌고, 시민들에게 더 나은 미래를 제공하기 위해 제 역량을 다한 행복한 시간이었습니다. 이제 저는 시인으로서, 제가 걸어온 저돌적이고 불굴의 인생의 흔적을 담기 위해 펜을 굳게 잡습니다.

  인생을 파노라마처럼 펼쳐 놓고 떨리는 손으로 글을 다듬고 있지만, 아직은 두렵고 어렵습니다. 하지만 이 글이 단순한 기록이 아닌, 살아 숨 쉬는 희망의 씨앗이 되어 다른 이들에게 위로와 기쁨을 전해 주기를 바랍니다. 저는 언제나 '신세와 은혜를 갚겠다'는 좌우명으로 세상을 긍정적으로 바라보며 살아갑니다. 인생은 끝없는 도전과 변신이라고 생각하기에, 내일도 새로운 목표를 만들고 멈추지 않는 열정으로 저의 길을 만들어 가겠습니다.

2025. 10. 25.